KB115824

· CEO가 사랑하는 ·

101가지 단어

책읽는달

세계적 CEO가 사랑한 단어에서 발견하는 성공 비밀

스티브 잡스에겐 결코 이룰 수 없는 소원이 하나 있었다. '애플을 모두 내어주는' 한이 있더라도 소크라테스를 만나 점심을 함께하는 것이었다. 고인이 된 잡스가 지금쯤 그 소원을 성취했는지는 알 수 없지만, 왜 소크라테스였는지는 생각해봄 직하다.

철학과 사유의 대명사 소크라테스가 맨발로 아고라 광장을 누비며 궁극적으로 추구한 건 무척 단순하다. 말에 대한 올바른 정의다. 뜻을 명확히 인지해야 자율적으로 사고할 수 있고, 비로소 가슴으로 깨달아 행동할 수 있기 때문이다.

무지개를 빨주노초파남보, 일곱 개의 색으로 분류하자 경계에 놓인 다양한 색들이 더 선명해지는 것과 같다. 뜻을 가진 최소의 단위, '단어'로 이름 지어진 모든 것들은 이런 의지로 우리에게 왔다. 발견한 것을 함께 알고, 미지의 것을 찾아 나가자는 인류 무언의 약속이며 격려다.

아찔했던 세계 경제 위기의 풍랑 뒤로 인문학의 훈풍이 불어오는 지금, 《CEO가 사랑하는 101가지 단어》는 이런 생각을 근간으로 탄생했다. 사실 성공한 CEO들의 이야기는 위인전기 및 평전을 지나 비즈니스 상식으로, 처세와 자기계발의 일부가 됐다. 범람하는 성공담은 다수의 개인에게 카타르시스를 주지만, 한편으론 막연한 기대와 믿음 같은 착시 효과를 만들어내기도 한다. 제아무리 빛나는 감동과 교훈일지라도 현실에의 고찰과 자기 성찰을 불러 일으키지 못한다면 그것은 영영 타자화될 수밖에 없다.

물론 이 책은 성공한 CEO들의 이야기임은 틀림없다. 최고경영자로서 자신이 가진 최고결정권으로 최선의 선택을 하고, 거둔 최적의 성과를 최대의 사람들과 나눈 이들이다. 하지만 이 책은 그들의 공적으로 허물을 덮는 식의 인물평은 하지 않았다. 엄밀히 말하자면 그건 불가능할뿐더러 책의 취지와도 맞지 않기 때문이다.

대신에 101가지의 단어를 자기 성찰과 경영 전략, 인재 양성과 위기 극복 등 4개의 주제로 나눴다. 그리고 상황과 인물에 걸맞은 키워드를 찾는 데 집중했다. 이 101가지 단어는 우리 시대 추상적인 성공을 낱낱이 분리하고, 현실적 개념을 만들어낸다. 이것은 긴 겨울을 앞두고 마당 한편에 가득 쌓아둔 든든한 장작과 같다. 독자 여러분 개개인의 필요에 맞게, 현실 온도에 따라 열정에 불 지피는 데 쓰이기를 기대한다.

덧붙여 편집자 회의를 거쳐 101가지 단어에서 '열정'을 제외했음을 알린다. 모험이나 도전, 준비와 실패, 경청과 결단 그리고 관찰이나 변신에 이르기까지 모든 단어에서 열정은 평균체온으로 드리워져 있기 때문이다. 어찌 보면 당연한 일이다. 이 단어들은 박제된 개념이 아니라 성공한 CEO들이 쥐고 품으며 몸소 지녔던 것이기에. 저마다 다른 얼굴이지만 하나의 인간인 것처럼 이 101가지의 단어들은 열정의 다른 이름이다. ■

((①)) 자기 성찰의 **단어**

Self-Reflection

((❷)) 경영 전략의 **단어**

Business Strategy

((❸)) 인재 육성의 **단어**

Human Resource Development

((4)) 위기 극복의 단어

Crisis Overcoming

SELF-REFLECTION

PART
01

자기 성찰의
단어

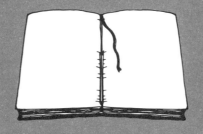

도전장

프레드릭 스미스(페덱스)

Frederick W. Smith

사전적 의미로 도전장은 상대에게 정면 승부를 신청하는 글이다. 그런데 도전장 뒤에는 '썼다', '보냈다'라는 동사가 왠지 어색하다. 도전장은 역시 '던졌다'나 '내밀었다'가 개운하게 어우러진다. 도전장이란 그 자체로 반드시 승부를 보겠다는 공격적 의지를 띠고 있는 탓이다. 준비되지 않은 사람, 승리에 대한 확신이 없는 사람, 명예욕이 없는 사람은 도전장을 낼 수 없다. 그래서 도전장을 받는 사람은 거드름을 피우거나 여유롭다 해도 도전자는 비장하다. 승부를 먼저 신청하고도 져버린다면, 가만히 있는 게 낫지 손해가 이만저만이 아니기 때문이다.

재미있는 것은 이기는 도전자들에게서 발견되는 공통점이다. 승리를 거머쥐고 그 세계를 제패한 도전자들은 일반 사람들이 생각하지 못한 독특하고 영리한 수를 띄운다.

영화 '죠스'에 출연할 상어를 운반하고, 취급주의 대상인 미식축구 우승컵을 배달하면서 화물운송회사 페덱스는 더욱 유명해졌다. 일부에선 '화물을 보냈다'라는 말 대신에 '페덱스했다'고 말하기도 한다.

페덱스는 프레드릭 스미스 Frederick W. Smith가 예일대학교를 다니던 시절에 낸 리포트에서 시작됐다. 얼핏 자전거 바퀴처럼 보이는 종이 그림을 그려놓고, 화물 집약과 개별 배송이라는 아이디어를 설명했다. 지점에서 지점까지 병렬로 전송하는 화물 운송 시스템을 뒤집는 발상이었다. 하지만 담당 교수는 실행 가능성이 없다며 C 학점을 줬다. 이후 프레드릭 스미스는 해병대 장교로 베트남전에 참전했다. 전쟁은 끝났고 그는 돌아왔다.

스물일곱의 청년은 멤피스 공항의 창문도 없는 방에서 화물 운송 사업을 시작했다. 가족들과 은행에 돈을 빌려 C 학점의 아이디어를 세상에 내보인 것이다. 그리고 이겼다.

프레드릭 스미스는 좋은 생각이 있으면 조언을 구하지 말고 시작하라고 말한다. 그것은 곧 도전장을 내미는 행위다. 엄밀히 보자면 도전장의 목적은 승리에 있지 않다. 경쟁 상대나 냉담한 평가자를 의식한 것도 아니다. 프레드릭 스미스는 도전장이란 자기를 강화하는 방법이라고 한다. 이미 관습에 얽매인 사람들의 평가에 반짝이는 아이디어가 죽지 않도록, 반드시 이기기 위해 충분한 준비를 하고 승부의 순간에 전념하는 것이다. ■

꿈

콘래드 힐튼(힐튼호텔)
Conrad Nicholson Hilton

1차 세계대전이 끝나고 석유 재벌을 꿈꾸는 정유업자들은 석유 천국 텍사스로 모여들었다. 자본도 인맥도 없는 가난한 젊은이들은 호텔이나 레스토랑 등에서 이들의 시중을 들며 생계를 이어갔다. 그들 가운데 하나일 뿐인 어느 벨보이가 있었다.

그런데 비밀스럽게도 이 벨보이는 이미 자기만의 호텔을 갖고 있었다. 그의 호텔은 누구도 앗아갈 수 없고, 무너지거나 파산하지 않는, 매우 튼튼히 지어진 것이었다. 약점이라면 그를 제외한 누구도 그 호텔을 볼 수 없다는 것뿐. 왜냐하면 벨보이가 지은 호텔은 그의 '꿈' 속에 있었기 때문이다.

일을 마치고 고단한 몸을 뉘는 그의 작은 방엔 미국에서 가장 큰 호텔 사진이 붙어있었다. 그는 그 사진을 집중해서 보면서 그 호텔의 주인이 된 자신을 상상했다. 얼마나 몰입했던지 온몸의 기력이 다 빠져나갈 정도였다. 실제 생활에서 사진의 잔상이 겹쳐지는 통에 현실과 상상을 혼동하기도 했다. 아마 거기서 한 발짝 더 나아갔다면 그는 정신병원에 수감됐을지도 모른다.

다행히도 그 벨보이는 자기 호텔의 비밀을 잘 지켜내며 15년 뒤에 아주 작은 호텔을 인수할 수 있었다. 그는 불필요한 공간을 과감히 정리하고, 호텔 마케팅에 나섰다. '빈 호텔 방은 오늘 팔지 않으면 내일은 팔 수 없는 상품'이라며 상황에 따라 객실 요금을 탄력적으로 적용하는 'Yield Management'를 고안했다.

그의 사업적 행보는 거침이 없었고 성공을 거듭했다. 사람들에게 그는 이제 막 업계에 뛰어든 초보 경영인이었지만, 수많은 시뮬레이션을 통해 그는 벌써 최고의 호텔 경영자로 살았기 때문이다. 그가 바로 세계 최대의 호텔 기업 힐튼의 창업주 콘래드 힐튼 Conrad Nicholson Hilton이다.

'꿈을 좇는 영혼'이란 별명을 무척 자랑스러워했던 그는 꿈의 추종자다. 물론 누구나 꿈을 갖고 키우며 꾼다. 하지만 보통 사람의 꿈이 한 장의 사진이라면, 힐튼의 꿈은 영사기로 나오는 필름 영화와 같았다. 말하고 움직이고 느꼈으며 준비했다. 그래서 진짜 꿈을 갖는 데에는 에너지와 열정, 상상과 몰입이 필요하다. 그 안에서 자유롭게 사고하고 움직일 만큼의 '생생한 꿈' 말이다. ■

돈

이병철(삼성그룹)
李秉喆

적나라하다. 많고 적음의 차이는 있지만 누구나 항상 쥐고 있으며, 모두에게 필요하지만 대놓고 욕망하기엔 부끄럽다. 큰돈은 성공의 증표가 되기도 하지만, 비인간성의 상징이 돼 조롱의 빌미를 제공한다. 어쩌면 신용카드는 돈의 민낯을 가려주는 발명품인지도 모른다.

분명한 건 돈이 엉성하게 이해되고 있다는 사실이다. 그 유해성이 강조되는 반면에 본래의 기능과 가치, 역할에 대한 탐구는 희미하다.

이상의 소설 〈날개〉 속 주인공은 "나는 벌써 돈을 쓰는 기능을 완전히 상실한 것 같았다"는 말로 비사회적 인물의 무력감을 표현했다. 돈의 가치를 모르면 생산물의 가치를 모르는 것이고, 이는 생산자의 수고와 노동을 가늠할 수 없다는 뜻과 같다. 돈에 대한 이해 없이는 이웃과 사회에 대한 통찰도 없다.

천석지기 부농의 차남으로 일본 유학까지 다녀왔던 삼성 창업 주 이병철 李秉喆 회장은 얼핏 보기에 남보다 훨씬 앞선 지점에서 출발한 것 같다. 하지만 그 당시의 모든 부자 중 글로벌 기업을 이 룬 사람은 이병철 회장뿐이다. 1938년 삼성상회를 연 것을 시작 으로 해방과 한국전쟁 같은 굵직한 사회 변화 속에서 계속 변모하 며 삼성을 확장했다. 섬유 산업과 전자, 건설업과 조선업에도 뛰어 들며 경공업에서 중화학 그리고 반도체라는 첨단 산업까지 이병 철 회장의 궤적은 한국 산업의 역사다. 그는 어떤 사업을 해야 이 득을 얻고 성공할지를 꿰뚫는 혜안이 있었다. 돈이 어디서 만들어 질지를 먼저 내다봤던 인물이다. 그래서인지 이병철 회장은 유독 돈을 강조하는 명언을 많이 남겼다.

'헌 돈은 새 돈으로 바꿔 사용하라. 새 돈은 충성심을 보여준다', '돈은 거짓말하지 않는다. 돈 앞에서 진실하라', '돈을 내 맘대로 쓰지 마라. 돈에 물어보고 사용하라', '돈을 애인처럼 사랑하라. 사 랑은 기적을 보여준다', '불경기에도 돈은 살아서 숨 쉰다. 돈의 숨 소리에 귀 기울여라' 등 이병철 회장이 가르쳐주는 돈은 인물처럼 살아 생생하다. 이병철 회장은 일부 사람들이 '돈병철'이라며 수군 거리는 걸 알았지만, 굳이 돈에 대한 사랑을 숨기지 않았다.

사실 이병철 회장을 기업가로 거듭나게 한 것도 돈이었다. 스물 여섯에 정미소를 연 그는 토지에 투자하기 시작했다. 은행 책정보다 땅값이 낮았기 때문에 은행에 돈을 빌려 땅을 사는 것만으로도 충분한 이득을 봤다. 불과 1년 만에 만석꾼이 됐고, 김해평야는 발 딛는 곳마다 그의 땅이었다. 하지만 1937년 정부의 갑작스러운 비상조치에 은행은 토지 융자금을 일제히 회수해갔다. 일장춘몽에서 깨어난 그는 파산 상태였다.

비로소 이병철 회장은 깨달았다. 좋은 일, 생산적인 일을 통해 돈을 벌어야 한다는 사실을 말이다. "돈이 오가는 길목에서 미소 띠어라"는 그의 말은 돈의 쓰린 맛을 알고 난 뒤에 얻은 지혜다.

돈을 버는 건 제각각이라도 쓰는 것은 양 갈래의 길이 있다. 자기를 위한 것과 타자를 부양하는 것이다. 돈을 존중했던 이병철 회장은 돈이 무엇을 좋아하는지를 알았다. 나를 위한 돈은 유혹적이지만, 전체 사회를 위한 선한 의도의 돈은 무병장수한다는 사실이었다. 한국전쟁 기간 물류판매로 번 돈을 모조리 생산설비 구축에 투자한 것도 그런 이유다. 돈을 존중했던 그는 진정한 기업가로 변모했다. ■

뜻

―

손정의(소프트뱅크)
孫正義

―

수평으로 풀기도 하고, 수직으로 세우기도 하며, 동적으로 따르기도 한다. 어찌 되었든 그 첫걸음은 스스로 '뜻'을 갖는 데서 출발한다.

'뜻을 높이!', '일찍 뜻을 품는 자는 강하다', '같은 뜻을 품은 자와 동료가 되라.'

손정의 孫正義 소프트뱅크 회장의 강연에서 빠지지 않고 등장하는 단어가 '뜻'이다. 손정의 회장은 우리나라 많은 CEO가 롤모델로 손꼽는 인물로 소프트뱅크의 창업자이자 경영자다. 가난한 조선인 아이에게 돌팔매질하던 일본 소년들은 돌에 맞아 피 흘리는 저 아이가 머잖아 일본과 세계를 움켜쥘 IT 거물이 되리란 걸 짐

작조차 하지 못했을 것이다.

손정의 회장은 자신을 키워준 건 '뜻'이라고 말한다. 그는 열다섯 살에 일본 근대화의 영웅 시바 료타로의 책을 읽고 '백만, 천만의 사람을 돕고 싶다'는 뜻을 품었다. 눈물을 머금고 병환 중이던 아버지를 두고 미국 유학길에 오른 이유는 바로 그의 큰 '뜻' 때문이었다.

'뜻'은 '꿈'과 다르다. 꿈이 바라는 것에 초점 맞춰져 있다면 뜻은 그것을 왜 이뤄야 하는지 궁극의 목표를 갖고 출발한다. 그래서 뜻은 꿈보다 견고하다. ▪

걱정

빌 게이츠(마이크로소프트)
Bill Gates

1991년 6월 17일, 윈도 시장을 점령하며 승승장구하던 마이크로소프트 주식이 별안간 급락했다. 회사에 큰 문제나 위험이 발생한 것도 아니었다. 치명적 기술 결함이나 유력 라이벌이 등장하지도 않았다. 순식간에 11%나 곤두박질치는 마이크로소프트 주식에 시장은 혼란에 빠졌다.

곧 이유가 밝혀졌다. 최고경영자가 쓴 비밀 메모가 유출된 것이다. 지적 재산권, 기술, 경쟁사의 견제, 마이크로소프트의 고객 지원 단점 등이 낱낱이 적혀 있는 메모는 언론사에 퍼져 뉴스로 보도됐다. '이 악몽은 현실이다'라는 빌 게이츠 Bill Gates의 선명한 자필은 설마 하며 고개 젓는 사람들을 좌절시켰다.

자칫 재앙으로 번질 뻔했던 이 일은 나흘 만에 해프닝으로 일단락됐다. 유출된 메모는 빌 게이츠의 걱정을 기록한 악몽 노트의 일부였다. 사실 그는 피해망상증에 가까운 걱정 중독자였다. 일례로 빌 게이츠는 끊임없이 제2의 빌 게이츠가 나타나지 않을까 전전긍긍했다.

그가 최고경영자 자리에 올라 있는 이 순간에도 괴짜 고등학생이 하루에 2시간만 자면서 열정적으로 연구해 결국엔 마이크로소프트를 위협할 거란 말을 공공연히 했다. 사무실에 헨리 포드 사진을 걸어둔 것도 같은 맥락이다. 새로운 적수 GM에 자리를 내어주고 쓸쓸히 물러난 헨리 포드를 보며 경각심을 일깨우기 위함이었다.

사실 걱정은 수렁과 같다. 한 번 빠져들면 헤어나기 어렵다. 하나의 문제에서 출발해 이내 여러 가지 최악의 시나리오를 만들어낸다. 때문에 많은 사람이 "걱정으로 해결되는 게 없다"라며 멀리하고 폄하한다. 하지만 가만 들여다보면 걱정하는 것 자체가 문제인 것은 아니다. 걱정하는 과정을 거쳐 어떤 결론을 도출해낼 수 있는가가 관건이다.

빌 게이츠는 그것을 아주 잘해낸 사람이다. 그는 다가올 수 있는 모든 위험을 상정하고 걱정 상태에 놓이는 걸 두려워하지 않았다. 그리고 각각에 맞는 대비책을 세워 매번 닥쳐오는 위기를 거뜬히 빠져나왔다. 급변하는 IT 시장에서 마이크로소프트가 건재할 수 있었던 이유다.

빌 게이츠의 걱정은 사업 영역에 국한되지 않는다. 가난한 고학생들, 소아마비의 어린이들, 결핵이 가져오는 빈곤의 악순환, 식량 부족의 문제 등 그의 걱정거리가 세계에 뻗어 있다. 그에 맞는 대비책을 세워 실천하고 있음은 물론이다. ▪

006

긍정

폴 마이어(SMI)
Paul J. Meyer

보험회사의 뛰어난 영업 사원이었던 폴 마이어 Paul J. Meyer에게도 도무지 넘어오지 않는 고객이 있었다. 오기가 발동해 몇 번을 찾아갔지만 사장은 비서를 앞세워 그를 돌려보냈다. 폴 마이어는 궁리 끝에 편지를 썼다.

'사장님, 저는 날마다 하늘에 계신 하나님도 만나는데 어째서 사장님은 한 번도 만날 수 없나요? 사장님이 하나님보다 높다는 걸까요?'

편지를 읽은 사장이 당장에 큰 액수의 보험을 계약했음은 물론이다.

미국 보험 세일즈 왕이자 세계 최연소 백만장자로 기네스북에 오른 폴 마이어는 하루에 150만 달러 계약이라는 대기록 보유자다. 그는 교육, 컴퓨터, 금융, 부동산, 항공 등 40여 개의 회사를 운영해 크게 성공했다. 미국 서민들의 신화 같은 존재다. 그가 가장 사랑하는 단어는 단연코 '긍정'이다.

"생생하게 상상하라, 간절하게 소망하라, 진정으로 믿으라, 열정적으로 실천하라, 그리하면 무엇이든지 이루어진다"는 그의 말은 설핏 다라니경처럼 들린다.

사실 그는 어렸을 때부터 기이한 구석이 있었다. 열두 살에 잡지사 주최 콘테스트에서 캘리포니아주 1위를 차지했고, 열네 살 때는 못 쓰는 자전거를 수리해 300대나 팔아치웠다. 다소 기이한 세계 신기록도 세웠다. 자두따기대회와 팔굽혀펴기 3,500번이 그것이다. 이렇게 보면 그가 말하는 '긍정'에 신뢰가 가지 않는다. 원래부터 유별난 사람이 보통의 사람들에게 보내는 치사한 위로처럼 느껴진다.

그런데 정말 주목해야 할 건 이렇게 재주 많은 사람이 왜 굳이 보험 세일즈로 성공했는가이다. 젊은 청년에게 있어 삶의 목표가 보험 세일즈맨이었을 리 만무하다. 집안 형편으로 대학을 중퇴한 뒤 문 두드린 게 보험회사였다. 그리고 그는 말재주가 없다는 이유로 면접에서 계속 떨어졌다. 무려 50여 번이나 고배를 마셨다. 간신히 들어간 보험회사에서는 입사 3주 만에 쫓겨났다. 영업에 영소질이 없다는 이유였다.

그런데도 그는 다른 보험회사에 또 원서를 넣었다. 굳이 길을 바꾸지 않았다. 거절당할수록, 비난받을수록 폴 마이어의 마음에서

'이 일은 반드시 되겠다'는 확신이 굳게 뿌리내렸다. 오기가 아니라 확신이었다. 보험회사 문턱을 무수하게 밟는 동안 매번 외웠던 긍정적 주문이 곧 빛을 발하리라 믿었다.

한숨을 쉬며 '잘 될 거야'라고 읊조리는 건 긍정이 아니다. 달래는 것일 뿐이다. 폴 마이어가 보여준 긍정은 경단을 빚어내듯 굴리는 것이다. 소망과 믿음의 손바닥 아래서 그것은 동글동글 형태를 갖추고 단단해진다. ■

멈춤

리카싱(청쿵그룹)
李嘉誠

멈추는 건 달리거나 뛰어오르는 것에 비해 훨씬 쉬워 보인다. 동력에 의지를 실어 저항을 뚫고 나아가는 것보다는 스위치 내리듯 멈추는 데에는 힘이 필요하지 않는다. 그러나 이 간단한 '멈춤'에는 자의 혹은 타의냐의 큰 갈림이 있다. 그래서 체감에 익숙해져 가속도를 망각하게 되면 타의로 멈춰 서게 되고 만다. 큰 사고들은 이렇게 발생한다. 멈출 수 있다는 건 스스로 상황을 다룰 수 있다는 증명이고 속도와 방향을 인지하고 있다는 뜻이다. 때문에 멈출 수 있는 사람에게는 과욕도, 오만도 없다.

노신사는 호텔에서 나오며 주머니를 뒤적이다가 동전을 흘렸다. 벨보이는 그가 흘린 1센트 동전을 기꺼이 주워 건넸다. 동전을 받아든 노신사는 "내가 잃은 1센트에 대한 보답이네"라며 10달러를 팁으로 줬다. 그는 홍콩의 최대 부호 리카싱 李嘉誠 회장이다. 홍콩 사람들은 리카싱이 세운 아파트에서 잠을 자고 그가 지은 도로를 타고 다리를 건너 출근을 하고 퇴근길엔 리카싱의 유통업체에서 장을 본다고 할 만큼 리카싱은 홍콩 경제 그 자체다.

일찍이 스물두 살에 제조 회사를 세우고 지금은 14개국에서 20여 개의 기업을 거느리는 대부호 리카싱은 내리막을 탄 적이 없다. 그의 사업은 계속 위를 향해 뻗고 확장하며 지금에 이르렀다. 그런 그가 사랑하고 늘 염두에 두는 단어는 '멈춤'이다. 그의 집무실에는 지지(知止)라는 글귀의 액자가 걸려 있다. 멈춤을 알다, 분수를 넘지 않도록 해야 한다는 신념이다. 발자국을 본뜬 모양에서 한자의 멈출 지(止)가 나왔다. 발자국을 보기 위해선 멈춰 서서 고개를 숙일 수 있어야 한다.

리카싱 회장의 계속되는 고공비행 뒤에는 점점이, 무수한 멈춤이 있었을 것이다. 이것은 곧 자기를 다스리는 힘이다. ■

독서

도널드 트럼프(트럼프그룹)
Donald J. Trump

전쟁 중에도 말 위에 앉아 책을 읽었다는 나폴레옹이나 '세계는 결국 책으로 지배돼 있다'고 결론 낸 철학자 볼테르의 고백이 아니더라도 동서고금의 위인들은 독서의 중요성을 피력해왔다. 대통령의 휴가 소식에는 그가 챙겨간 책 목록이 반드시 따라다닌다.

책은 인류 역사의 유물이자 권리 없이도 상속받을 수 있는 값진 유산이다. 하지만 너무 강조되어서일까. 독서의 유용함은 빛이 바래는 듯싶다. 자기소개서의 취미란에 독서를 기입해 넣는 것만으로도 고루하다는 인상을 주기 십상이니 말이다. 어쩌면 독서는 취미로는 부적합한지 모른다. 그것이 곧 생존 전략이고 경쟁 무기라는 걸 깨닫는다면 독서는 여가 활동이 아닌 훈련이 될 것이다.

"당신 스스로를 믿고 지지하라. 왜냐하면 그 누구도 당신을 위해 대신 싸워주지 않을 것이기 때문이다."

세계 부동산 시장을 움직이는 큰손, 도널드 트럼프 Donald J. Trump. 화려한 차림새에 "You're fired!" 하고 외치는 TV 리얼리티 쇼에서의 그는 과시욕 넘치는 부자로 보일 뿐이다. 호텔과 카지노 업계 대부로 미스유니버스를 비롯한 세계 3대 미인대회의 방송권을 소유한 사람답게 경박스러운 인상마저 풍긴다. 두 번의 이혼 뒤 24세 연하의 모델과 결혼한 그의 사생활은 야릇한 상상을 동원해 사람들의 입에 쉽게 오르내린다. 그래서 회의 테이블보다 칵테일 파티가, 경제전문지보다는 〈플레이보이〉 부류의 잡지가 더 어울리는 그가 사실은 독서광이라는 것을 아는 사람이 많지 않다.

도널드 트럼프는 어떤 약속이든 밤 10시 전에 끝내고 집에 들어온다. 그리고 잠자리에 들 때까지 3시간을 꼬박 책에 몰두한다. 경제에서 철학, 심리학과 문학까지 그가 읽는 책은 광범위하다.

미국에서 가장 비싼 건물과 지역은 트럼프가 개발했다고 할 만큼 시장을 보는 그의 안목은 수차례 증명됐다. 부동산 거품 붕괴로 100억 달러의 빚을 지기도 했으나 이내 털고 일어났다. 그가 쥔 이 모든 것들은 우연이 아니다. ∎

실패

009

헨리 포드(포드자동차)
Henry Ford

마차를 모는 말 잔등에 쉴 새 없이 채찍을 내리며 재촉했다. 어린 소년은 눈물의 읍소로 시내에서 의사를 모셔오는 데 성공했다. 하지만 위중한 병상의 어머니에게 닿기에 마차는 더디기만 했다. 이미 숨을 거둔 어머니를 두고 돌아서며, 소년은 마차보다 빠른 탈것을 만들겠다고 다짐했다. 목숨도, 시간도 신의 영역 혹은 자연의 섭리다. 이 같은 절망을 다시 겪지 않으려면 굳은 의지로 무장한 사람의 힘이 필요하다는 사실을 소년은 어렴풋이 알았다.

어린 소년이 품은 그 꿈은 시간이 흘러 건장한 서른 살 청년의 창고를 뚫고 나왔다. 자동차 산업의 메카 미국 디트로이트에 가면 벽에 구멍이 뚫린 옛 건물이 보존돼 있다. 마침내 자동차를 만드는 일에 성공했지만 미처 자동차를 위한 출입문은 만들지 못했던 까닭이다. 후진 기어도 빠뜨린 상황이었으니 벽을 부숴 자동차를 끌고 나온 것쯤이야 대수롭지 않았을 것이다.

부유층의 전유물이었던 자동차는 가난했던 어린 소년, 헨리 포드 Henry Ford에 의해 보편적 탈것이 됐다. '위대한 서민들의 저렴한 자동차'를 만들겠다고 선포한 포드는 컨베이어 벨트와 같은 현대적 대량 생산 시스템을 구축하고, 최초로 주 5일제 도입 및 고임금 정책을 만들어 생산자가 소비자가 될 수 있도록 했다. 자동차의 왕이자 현대 산업의 아버지라 불리는 것도 그 때문이다.

많은 위정자가 명언을 남겼지만 헨리 포드만큼 '실패'에 집중하고 찬사를 보낸 이는 없다.

'성공보다 실패에서 더 많은 것들을 배운다', '성공은 당신의 일 가운데 99%의 실패에서 비롯된 단 1%다', '실패란 다시 시작할 수 있는 기회이다. 더욱 각성된 방식으로 말이다', '미래를 두려워하고 실패를 두려워하는 사람은 행동에 제한을 받는다'…….

그는 실패를, 실패한 경험을, 실패를 겪은 사람을 사랑했다. 왜냐하면 엄밀한 의미로 모든 사람이 진정한 실패를 할 수 있는 게 아니기 때문이다. 실패는 재탄생을 위한 파괴다. 성공처럼 실패에도 자격이 필요하다. 필사적 시도를 한, 기회비용을 치른 이들만이 비로소 실패자가 될 수 있는 탓이다. 실제로 한 조사기관에 따르면 자수성가한 백만장자들은 평균 세 번 이상의 실패를 겪지만, 중산층은 두 번 미만으로 한 번도 실패하지 않은 사람도 많다고 한다.

한 스위스 언론인이 아인슈타인에게 앞으로의 소망이 무엇인지

물었다. 잠시 생각하던 아인슈타인은 이렇게 답했다.

"두 가지를 소원합니다. 첫째는 남은 생애에 더 많은 실패를 거듭할 수 있게 해달라는 것입니다. 두 번째 소원은 내가 저지르는 모든 실수가 헛되지 않도록 해달라는 겁니다."

아인슈타인조차도 실패 없이는 성공할 수 없다는 삶의 원리에 수긍했다. ▪

마지막 날

스티브 잡스(애플)
Steve Jobs

강단에 선 남자는 웬일인지 더듬거렸다. 대학원 강의실을 가득 채운 뛰어난 학생들에 대한 압박감 때문이 아니었다. 그는 비록 반강제적으로 애플을 떠나 새 회사를 차린 상황이었지만 인기는 여전했다. IT 업계뿐만 아니라 어떤 분야에 대해서라도 1시간은 즉흥 연설을 할 수 있는 달변가였다. 수천 명의 청중 앞이건, 사업 운명을 좌지우지할 투자자들을 세워 두고 있건 간에 말이다. 시대의 뜨거운 아이콘, 경영자이기 전에 창조자로도 불리던 스티브 잡스 Steve Jobs를 신상시킨 이는 앞자리에 앉아 있던 금발의 여성이었다.

당장 그녀를 붙들고 식사를 하며 대화를 나눠보고 싶었지만 강의 뒤에 중요한 미팅이 있었다. 하는 수 없이 연락처만 교환하고는 아쉽게 돌아서던 그때, 스티브 잡스는 스스로에게 물었다.

"만약 오늘이 내게 마지막 날이라면?"

스티브 잡스는 인파에 섞여 사라지는 여자를 찾아 뛰었다. 삶의 마지막 순간이 찾아온 것처럼 그녀의 손목을 쥐었다. 20여 년 뒤 잡스의 마지막 날까지 함께 한 아내 로렌 파월과 만난 순간이다.

뛰어난 공감 능력과 희생정신을 가진 로렌은 알려진 대로 잡스에게 영감의 원천이 되었다. 또한 잡스가 일에 빠져 사는 동안 네 아이를 보살피며 가정을 견고히 지켜냈다. 이들 부부를 잘 아는 사람들은 로렌이 없었다면 잡스도, 지금의 애플도 없었을 거라고 입을 모은다.

영화 같은 한 장면은 스티브 잡스가 주문처럼 읊조린 '마지막 날이라면'의 가정법 질문에서 비롯됐다. 스티브 잡스는 열일곱 살부터 이 같은 질문을 반복했다. 그리곤 내면에서 나오는 묵직한 대답에 귀 기울이고 따랐다. 그의 중요한 결단들은 '마지막 날'이란 상정 아래 나왔다. 스티브 잡스는 '죽음은 삶이 만든 유일한 최고의 발명품'이라고 했을 정도다.

'마지막 날'의 선택에는 그것을 되돌릴 기회가 없다. 이후를 기약할 수 없기에 최후의 선택이며, 후회 없는 결단이다. 그럼에도 불구하고 대부분의 사람이 그렇게 하지 못하는 이유는 마지막임을 알지 못하기 때문이다. 잡스는 이런 측면에서 그가 결단하고 선택한 것들에 후회를 남기지 않았다.

그렇게 보면 죽음이란 건 삶의 위대한 동력이다. 잡스의 장례식

에는 그가 죽음을 당한 게 아니라 '죽음을 성취했다'는 추도사가
올려졌다. ▪

사명

마쓰시타 **고노스케**(마쓰시타전기산업)
松下幸之助

지위고하를 막론하고 생일은 축하받아 마땅하다. 잊힌 생일은 서럽고, 박하다. 생일을 기념하는 것은 그 날의 주인공이 세상에 존재해 기쁘다는 뜻이다. 현재 어떤 상황에 처해 있건, 무슨 삶을 살고 있건 간에 그가 태어나 살아가고 있음을 되새기는 의식이다. 생을 얻은 날은 생을 마감한 날보다 몇 곱절이나 더 기억되고 기념된다. 생일이나 기일을 떠올려줄 만한 주변 사람들도 하나둘 세상을 떠나기 때문이다. 물론 그 반대의 사람들도 있다. 자기 존재 이유를 깨닫고 오롯이 살아낸, 비록 본인은 모를지언정 그 삶의 영향을 받은 이들이 고루 퍼져 있다면 말이다.

파나소닉 창업주 마쓰시타 고노스케 *松下幸之助* 회장은 이건희 회장이 꼽는 존경의 대상이다. 1917년 스물세 살에 사업을 시작한 그는 단 하루도 거르지 않고 자기의 소명이 무엇인지를 고민했다. 환난의 때, 격변과 혼란의 시대에 제조업자로서 무엇을 해야 하는지 치열하게 생각하고 두드렸다. 해결하지 못한 과제를 붙들고 무수한 불면의 밤을 보냈다. 마침내 그 과제는 15년째 되던 해에 풀렸다. 그는 확신에 찬 목소리로 외쳤다.

"좋은 물건을 싸게 많이 만들어 공급해 가난을 몰아내고 물질적 풍요를 실현함으로써 사람들에게 행복을 가져다준다!"

마쓰시타 고노스케 개인으로서 또 제조업자로서의 소명을 깨달은 것이다. 얼마나 감격스러웠던지 마쓰시타 회장은 소명을 깨달은 1932년 5월 5일을 창립기념일로 정했다.

기업은 사랑받기 위해 존재한다는 그의 경영 철학은 묘하게도 '당신은 사랑받기 위해 태어난 사람……'이란 축복 노래와 닮았다. 패전국 일본을 세계 경제의 기관차로 올려놓은 마쓰시타 회장은 1989년 생을 마감했다. 그가 정해둔 사명 달성 목표 기간 250년처럼, 지금도 그는 일본인들의 감사와 세계 기업인들의 존경을 받으며 기려지고 있다. ■

아드레날린

리처드 브랜슨(버진그룹)
Richard Charles Nicholas Branson

"**나는** 아드레날린 중독자다."

'영국의 잡스'로 불리는 리처드 브랜슨 Richard Charles Nicholas Branson은 열기구를 타고 세계 일주를 시도하고, 초고속 보트를 타고 최단 시간 대서양 횡단 기록에 도전하는 괴짜다. 내기 벌칙으로 빨간 스커트를 입고 일일 승무원으로 변장한 그는 6만여 명의 직원을 둔 버진그룹 CEO다.

무일푼에 고교 중퇴, 전과 기록마저 가진 이 남자를 억만장자로 만들어준 건 바로 그의 아드레날린이다. 그만큼 그의 궤적도 종횡무진이다. 난독증으로 학업에 어려움을 겪고 학교를 뛰쳐나온 뒤 리처드 브랜슨은 역설적으로 〈스튜던트〉라는 학생 잡지를 만들었다. 음반 광고를 실어 성공을 맛본 뒤에는 버진레코드라는 작은 음반 회사를 차렸다. 기적과 같은 성공을 거뒀다. 어느 날 비행 취소로 일정이 헝클어질 상황에 처하게 되자 항공 사업에 뛰어들었다. 저가항공의 시초인 버진애틀랜틱의 탄생이다. 지금 버진그룹은 우주 관광 사업까지 확장하고 있다.

리처드 브랜슨은 모든 직원에게 기업가 정신을 갖고 일하기를 당부한다. 그가 말하는 기업가 정신은 고동치는 심장 즉, 아드레날린이 활발히 분비될 만한 일이다.

본래 아드레날린은 위험 상황에서 자기를 보호하기 위해 부신피질이 흘려보내는 방어호르몬이다. 복어와 뱀의 독 다음으로 강력한 독성을 가진 것으로 학계에 보고돼 있다. 어떻게 쓰느냐에 따라 그야말로 약이 될 수도, 또 독이 될 수도 있다. 실제 아드레날린의 동족체인 노르아드레날린은 가중된 스트레스를 공격적 형태로 내뿜게 하는 분노의 호르몬이다.

그런 점에 있어 자칭 '아드레날린 중독자'인 브랜슨 회장이 비즈니스업계로 뛰어든 일은 매우 지혜로운 선택이다. 극한의 조건에서 겨루는 승부는 생존의 성취감과 쾌감을 선사하며 만족시키기 때문이다. 과중한 업무로 인한 스트레스를 아드레날린으로 시원스레 날려버릴 수 있음은 물론이다. ■

시 詩

셰이크 모하메드(아랍에미리트)
Sheikh Mohammad

시(詩)는 언어로 그린 그림이다. 한 줄의 간결함을 위해 시인은 대상을 수천 번 바라보고 곱씹으며 되뇐다. 때마다 마치 처음 보는 것인 냥 생소하게 만들어 창조적 영감을 끌어올린다.

빈 종이 위에 언어의 꽃을 피우듯 모래사막에 신기루 같은 도시가 섰다. 두바이다. 하수설비도 없던 땅에 세계 최고 높이 기록을 갈아 치우는 초고층 빌딩이 즐비하다. 야자수 모양의 세계 최대 인공 섬, 인공 호수에서 끌어올린 분수 물줄기가 밤하늘을 가르고, 세계 세 번째로 큰 스키장에는 흰 눈이 수북이 쌓여 있다. 한여름 기온이 50℃를 육박하는 사막 지형은 셰이크 모하메드 Sheikh Mohammad에 의해 새로이 창조되었다.

아랍에미리트연방(이하 UAE) 중 하나인 두바이는 이슬람 왕정체제의 도시국가다. UAE에 연방평의회가 있긴 하지만 국왕의 영향력이 지대하다. 정치와 경제를 함께 책임지기 때문이다. UAE의 부통령이자 두바이 국왕 셰이크 모하메드는 창의로 무장한 탁월한 경영가다. 2006년 통치권을 물려받은 그는 금융 장벽과 각종 규제를 허물어 세계 투자자들에게 두바이를 활짝 열어 젖혔다. 많은 중동 국가 왕족들이 오일 머니로 잔치를 벌이는 동안, 그는 언젠가는 석유가 바닥날 것이라 예견했다.

그래서 그는 창조주처럼 가난한 어촌도시 두바이를 디자인하기 시작했다. 여기에는 그의 섬세한 시적 감수성과 창의적 아이디어가 밑바탕이 됐다. 사실 셰이크 모하메드는 이미 100여 편의 시를 쓴 시인이다. 자연에 철저히 길들여질 수밖에 없는 이 척박한 땅에서 시는 오아시스 그 자체였다.

시인의 따뜻한 품처럼 셰이크 모하메드는 남성 중심의 보수적 이슬람 사회에서 여성을 적극 지지해왔다. "여성이 없는 사회는 영혼이 부족한 사회와 같다"는 그의 주장은 UAE 연방평의회 사상 첫 여성 국회의원을 두바이에서 배출시켰다.

창의와 혁신의 으뜸으로 꼽히는 CEO들은 유독 시를 사랑하고, 시에서 제품을 착상해냈다. 잡스는 생각이 닫혀 답답할 때마다 영국 낭만주의 시인 윌리엄 브레이크의 시집을 펼쳤다. 오디오 산업의 대부이자 뉴스위크 회장인 시드니 하먼은 시를 읽으며 92세의 삶을 마쳤다. "시인이야말로 우리가 생각한 시스템을 앞서 떠올린 원초적 사상가이며, 복잡한 환경을 이해 가능하도록 바꿔주는 사람"이라고 했다. 아무도 생각하지 못한 플라스틱 화폐, 비자카드 창업자 디 호크는 12세기 페르시아 시집 《루바이야트》에서 신용카드의 아이디어를 얻었다.

그리스어 Poiesis에 어원을 둔 Poem은 만들고, 제조하는 Making의 다른 뜻이다. 시를 짓는 것과 기업을 이루는 것은 크게 다르지 않다. ■

014

겸손

아짐 프렘지(위프로테크놀로지스)
Azim Premji

다양한 변화의 시도가 있어왔지만, 어찌 됐든 시장은 정글과 같다. 이런 곳에서 남을 존중하고 자기를 낮추는 건, 상대적으로 낮은 생존 의지다. 그래서 겸손은 미덕에 포함된다. 그건 도덕적 예의의 영역이란 뜻이고, 강제되지 않는다. 훌륭한 사회구성원이 되는 데 충분조건일지언정 필요조건은 아니다. 하지만 겸손이야말로 성공의 발판이며 공격적 무기에 버금가는 방패라는 걸 증명해낸 이가 있다. 위프로테크놀로지스의 아짐 프렘지 Azim Premji 회장이다.

인도의 빌 게이츠로 불리는 그는 스크루지다. 출장엔 항상 이코노미 좌석을 이용하고, 3성급 이상 호텔에는 묵지 않는다. 작은 승용차로 회사를 오가고, 퇴근 전에는 사무실 전등이 꺼져있는지 일일이 확인한다. 화장실 휴지 사용량마저 확인한다. 일체의 정치 뇌물을 제공하지 않기로도 유명하다.

물론 세계적 대부호 가운데는 아짐 프렘지 외에도 지독한 구두쇠들이 있다. 하지만 아짐 프렘지 회장의 절약 철학은 독특하다. 바로 겸손, 성공 앞에서의 겸손이다. 성공은 달콤히 누리는 게 아니라 감사한 마음을 갖고 낮은 자세로 받아들여야 한다는 것이다. 대신에 IBM이나 액센추어보다 더 비싼 임금을 주고 더 많은 인도인을 채용한다. 인도가 가난에서 벗어나려면 많은 인재가 육성돼야 한다는 걸 다방면으로 실천하고 있다. 세계적 부자들의 기부 서약 모임 'The giving pledge club'의 회원이기도 하다.

눈여겨볼 것은 아짐 프렘지 회장이 무슬림이라는 사실이다. 무굴 제국 멸망 뒤 인도에서 무슬림은 불가촉천민으로 멸시의 대상이다. 무슬림은 인도의 13%를 차지하는 소수민족이지만 전국 교도소엔 절반이 무슬림이다. 실업률과 문맹률도 힌두교도보다 압도적으로 높다. 사회적 냉대와 차별을 받는 무슬림으로서 정치권의 비호나 결탁 없이 인도 굴지의 IT 기업을 일군 아짐 프렘지 회장은 겸손했다. 그 어느 권력자라 해도 만인이 고개 숙여 존경하는 사람을 쉽게 해할 수 없다. 프렘지 회장은 성공 앞에 겸손으로 만인에게 머리 숙인 사람이다. ■

015

관계

마이클 돌란(IMG)
Michael J. Dolan

"이제는 무엇을 아느냐가 아니라 누구를 아느냐가 더 중요한 시대다."

컨설턴트 존 팀펄 리도가 한 말은 의미심장하다. 급격한 기술 발달과 소비 중심의 대중문화, 여기에 얄팍한 인터넷 네트워크까지. 오랫동안 학자들은 인간관계 단절 현상을 예견해왔다. 이를 전면 부정할 순 없지만 아이러니하게도 직접 사람을 통해 맺는 인간관계는 더욱 돈독해지고 있다.

〈포춘〉 500대 기업 CEO들이 대거 가입해있는 링크드인, 글로벌 비즈니스 네트워킹 조직 BNI는 갈수록 붐빈다. BNI에서 2010년 한 해 동안만 회원들끼리 오고 간 비즈니스 금액이 3조 원에

달한다. 대규모 수출과 업무 제휴 및 협약은 CEO들만의 리그에서 물밑 작업을 거쳐 공식 석상에 오른다. 경기가 불안정할수록 아는 사람과 거래해 안정감을 갖고 싶기 때문이다. 하지만 비즈니스 네트워크 전문가들은 이런 특수한 소그룹에서도 성품이 가장 중요하다고 강조한다. 지극히 계산적인 접근에는 딱 그만큼의 결과가 돌아온다는 게 경험자들의 설명이다.

스포츠 미디어 기업 IMG의 CEO 마이클 돌란 Michael J. Dolan은 관계의 비밀과 힘을 알고 있는 사람이다. '스포츠 에이전트'라는 개념을 처음 만든 IMG가 2010년 사업을 확장하며 마이클 돌란을 영입했을 때 안팎으로 탁월한 선택이라는 격려와 기대가 쏟아졌다. 〈월스트리트저널〉이나 〈스포츠 비즈니스 저널〉 등에선 그를 '최고급 경영인'이라고 설명했다.

마이클 돌란은 스포츠 비즈니스를 해보지 않은 인물이다. 그뿐만 아니라 대학에서 12세기 신플라톤학파 논문으로 박사 학위를 받고 뉴욕시립대학교에서는 영문학을 가르친 교수 출신 경영자였다.

광고회사를 거쳐 다국적기업 CEO로 활약하긴 했지만 유명세는 없었다. 그런 그에게 아주 제한적으로 사용되는 '최고급 경영인'이란 수식어가 붙은 이유는 뭘까.

마이클 돌란은 "모든 건 관계에서 비롯한다"고 말한다. 사람들과 인연을 맺고 관계한 것들이 인생 항로를 열어줬다. 신플라톤학파 연구생에서 스포츠업계 CEO까지 전혀 무관한 분야를 건너온 그의 삶의 궤적에는, 그 사이를 촘촘히 이어주고 메워준 사람들이 있었다. 이는 인맥과는 다른 차원의 뉘앙스다. 인맥이 전술적인 계산이라면, 관계는 삶을 같이 살아가는 이들과의 자연스러운 유대다. 마이클 돌란 회장은 지금도 매일 아침 녹차가 든 컵을 들고 지하철로 출근한다. 눈인사를 주고받고 한두 마디 말을 나누는 가운데 또 다른 관계가 시작되기 때문이다. 반복되는 일상 속에서 의미 없는 접촉들을 관계로 새롭게 자아내는 것이다.

사람을 대상으로 한 세계 최장 기간의 권위 있는 연구는 하버드 대학교의 'Grant Study' 프로젝트다. '인간의 행복은 무엇에 의해 결정되는가'를 주제로 1938년부터 현재까지 진행되고 있다. 처음 시작 당시 하버드대에서는 케네디 대통령을 포함해 전도유망한 268명의 엘리트 청년들을 선별해 그들의 삶을 추적하기 시작했다. 연구 책임자도 연구 대상의 나이와 직업, 생활환경도 세월이 그렇듯 계속 변했지만 행복의 조건은 바뀌지 않았다. 그것은 바로 인간관계다. 물질이나 건강, 가정 형편, 사회적 성공 여부가 아니라 형성된 인간관계가 행복을 좌우한다는 내용이다. ▪

016

준비

워렌 버핏(버크셔해서웨이)
Warren Buffett

무려 75개의 자회사를 거느린 지주회사 버크셔해서웨이의 CEO 워렌 버핏 Warren Buffett에게는 실패나 좌절의 일화가 없다. 그의 인생을 요약하면 '26세에 투자를 시작해 해마다 24% 이상의 수익률을 거두고 결국엔 세계 최고의 부자가 됐다'가 된다. 물론 일시적으로 마이너스 수익률이 나는 시기도 있었지만 그는 빠르게 회복하고 건재했다. '투자의 귀재'답게 그의 인생은 승리로 점철돼 있다.

워렌 버핏의 이 특별한 성공에는 완벽한 준비가 있었다. 1956년 26세에 본격적으로 주식 투자를 시작했을 때 그는 '준비된 투자자'였다. 8세 때부터 주식중개인인 아버지의 어깨너머로 주식을 배웠고 관련 책들을 섭렵했다. 11세에는 석유 회사인 시티 서비스 주식을 매입하기도 했다. 고등학생 때는 중고 게임기 대여 사업을 했고, 농지를 임대하며 재미를 보기도 했다. 31세에 백만장자 대열에 합류할 수 있었던 것은 차곡차곡 쌓인 경험들 때문이었다.

그렇다면 무엇을 어떻게 준비해야 하는가. 준비는 출발의 토대이며, 절반의 시작이다. 버핏은 단연코 좋아하는 일을 하라고 조언한다. 사랑할 수 있는 일을 하다 보면 돈은 저절로 굴러온다는 것이다. 사실 버핏이 일찌감치 주식을 공부하고, 경제 활동을 한 건 돈을 벌기 위해서만은 아니었다. 학창 시절 그는 너트에 볼트를 끼워 맞출 줄도 모를 만큼 둔한 면이 있었다. 두 자리 숫자 20개를 암산 덧셈하는 그의 재주는 큰 자랑거리는 아니었다. 하지만 그는 숫자 놀이를 매우 좋아했다. 그런 그에게 투자 분야는 최적의 놀이터였다.

"인생이 이렇게 멋진 것인 줄 미처 몰랐습니다"라는 감회 어린 그의 말에는 그저 숫자가 재밌고 덧셈, 곱셈에 경이로워했던 어린 시절이 담겨 있다. ▪

017

공부

반기문(UN)
潘基文

참으로 긴 여행이었다. 소프트웨어 개발에 흠뻑 빠진 열아홉 살의 청년은 명문 '하버드'라는 타이틀을 버리고 학교를 떠났다. 마이크로소프트와 대단한 여행을 마치고 30여 년 만에 돌아온 그는 졸업장을 받는 자리에서 이렇게 소감을 전했다.

"이 말을 하기 위해 30년을 기다려왔습니다. '아버지, 저는 다시 학교에 와서 학위를 따겠습니다'가 그것입니다."

동문들의 기립 박수 속에 빌 게이츠는 개운하게 웃었다. 빌 게이츠는 2007년 하버드 졸업 연설에서 강조했듯 세상을 실컷 공부하고 온 만학도이다. '세계 최고 갑부', '가장 존경받는 리더', '디지털 제국의 제왕', 'IT 혁명의 기수'에게도 대학 졸업은 끝내지 못한 숙제였다. 하다가 만 것에 대한 일종의 부채감이다.

학력이나 분야에 상관없이 배우고 익히는 공부는 평생에 걸쳐 계속돼야 한다. 물론 빌 게이츠나 스티브 잡스와 같이 순서는 크게 개의치 않아도 된다. 무엇을 공부할 것인가도 그리 중요하지 않아 보인다. 공부의 핵심은 자세다. 배우고 익히는 공부 그 자체가 자세를 이미 내포하고 있다.

그런 면에서 반기문潘基文 총장은 매우 훌륭한 학생이다. 자발적으로 목표를 세워 성실히 수행하는 그의 공부 방법은 수많은 학부모의 자녀학습 지도 교본이다. 반 총장은 일하는 것에서부터 생활습관까지 지극히 교과서적이다. 외교부 재직 시절 점심시간을 활용해 프랑스어를 공부했다는 사실도 널리 알려졌다.

이렇게 획득한 프랑스어 최상급 자격증은 UN 사무총장 선출에 톡톡히 기여했다. 미국 행정부 수장들조차 감탄케 한 반 총장의 매너도 공부의 결과라고 알려져 있다. 비즈니스 및 협상의 에티켓을 공부하고, 실제로 사람들이 어떻게 하는지 주의 깊게 봤다. 낮은 자세로 배워야 할 필요성을 스스로 깨닫지 못했다면 결코 할 수 없는 공부다.

반 총장은 "세상에서 가장 공평한 것이 있다면 바로 공부다"라고 말한다. 성실과 노력만으로 가능하기 때문이다. 공부는 디딤돌을 놓는 것과 같다. 환경과 기회의 불리한 조건 속에서 그것은 곧 길이 된다. ■

편집광

앤드류 그로브(인텔)
Andrew Grove

'**어떤 사물에** 집착해 상식적으로는 판단할 수도 없는 행동을 예사로 하는 정신병자.'

편집광(偏執狂)에 대한 사전적 정의는 이처럼 무시무시하다. 하지만 평범한 시대에서 '디지털 혁명 정신을 깨운 지칠 줄 모르는 선도자'(1997년 〈타임〉 올해의 인물 선정 기사 중)라면 편집광이라도 환대받을 만하다. 혜성처럼 등장했다가 백지수표만 남긴 채 스러지는 게 다반사인 최첨단기술 분야에선 더욱 그렇다.

인텔에는 CEO 앤드류 그로브 Andrew Grove 의 이름을 딴 '그로브 법칙'이 있다. "오직 한 가지 일에만 몰두하는 편집광만이 살아남는다!"가 바로 그것이다. 그의 말은 인텔의 기업 정신 그 자체다.

일에 대한 그의 편집증은 개인사와 깊은 연관이 있다. 나치 치하에 유대인으로 태어난 그는 1956년 겨우 미국으로 건너갔다. 직접 보고 듣고, 뼛속 깊이 공포를 체험했던 터라 이름을 미국식 '앤드류 그로브'로 바꾸며 유대인 주홍글씨를 지워내려 했다.

"쫓아오는 경쟁자들을 앞질러야만 죽음의 계곡에서 빠져나올 수 있다. 특정 방향을 잡고 사력을 다해 달려야 한다"는 그의 말은 단순한 비유가 아니다.

1987년 앤드류 그로브가 회사의 CEO가 될 당시 인텔은 2억 5,000만 달러의 매출로 세계 10위권을 유지하고 있었다. 하지만 그는 불과 5년 만에 인텔을 세계 반도체 1위 회사로 올려놨다. 만 10년 만에 회사를 10배 성장시킨 그로브는 경영 방식과 닫힌 소통 때문에 비판을 받기도 한다. 하지만 분명한 건 1,000명 이상의 직원들이 스톡옵션으로 100만 달러 이상을 벌었다는 사실이다.

앤드류 그로브는 편집광답게 휴가 중에도 10시간 비행기를 타고 되돌아와 회사를 둘러볼 정도로 일에 집착했다. 또 회사 복사기마다 'Intel Confidential'이란 메모를 붙이고, 출퇴근 시에 보안 요원으로부터 가방 검사를 받았다. 첨단기술을 다루는 기업에서 엄격한 보안은 생존이 걸린 문제이기 때문이다.

그의 의지와 노력은 얄궂은 운명도 굴복시킨다. 전립선암 판정을 받았던 그는 전문의들만큼 암 정복에 매진했다. 다양한 학술 논문을 찾아내 병에 집중하고, 그것을 이겨내기 위한 최고의 방법들을 적용했다. 그리고 완쾌했다. ▪

019

생명력

아니타 로딕(더바디샵)
Anita Roddick

결혼 후 남편은 홀로 세계 일주를 떠나버렸다. 어린 두 딸을 품에 안은 아내는 굳이 남편을 붙들지 않았다. 한때 히피였던 그녀 역시 아시아와 아프리카를 맨발로 누볐었다. 잔뜩 그을린 얼굴로 잉글랜드 남단의 고향으로 돌아왔을 때 그녀의 엄마는 딸의 꼴이 기가 막혀 한숨조차 쉬지 못했다. 하지만 그녀의 빈손에는 남들이 알지 못하는 게 쥐어져 있었다. 자연 그대로의 강인한 생명력이었 다. "생명력이 아름답다"는 아니타 로딕 Anita Roddick의 말은 추상 적인 게 아니다. 거친 땅, 낯선 사람, 미지의 언어를 오가며 온몸으 로 체득한 것이었다.

가계를 짊어진 아니타 로딕은 곰팡이 풀풀 날리는 귀퉁이 건물에서 '더바디샵'을 열었다. 손수 비누를 만들어 필요한 만큼 나눠 팔았고, 여행에서 원주민들로부터 배운 자연 화장품 래시피로 제품을 만들었다. 반드시 성공하겠다는 욕망도 없었지만, 남편의 빈자리에 대한 섭섭함도 없었다. 이탈리아 이민가정에서 태어났을 때부터 그리고 배낭여행을 마칠 때까지 그녀를 따라다닌 결핍과 가난은 되레 힘이 되었다. 깊숙이 잠재된 생명력을 깨워내는 알람과 같았다.

기업은 사람의 혼을 깨우는 일을 해야 한다는 그녀의 신념대로 1976년에 태어난 더바디샵은 세계에 기업과 자연의 공존, 환경과 인권의 가치를 퍼뜨렸다. '생명력'이란 원초적 단어가 아니타 로딕에 의해 경제학적으로 가치를 인정받은 셈이다.

생명력이 아름다운 건 미추와 관계없이 그것을 지속하기 위해 애쓰기 때문이다. 주변의 가치 판단에 연연하지 않고 힘껏 노력하는 것이다. 미운 오리 새끼도 좌절했을지언정 끝까지 살아내 날개를 활짝 펼쳐 보였다. 그것이 바로 생명력이다. ∎

020

놀이

제임스 트루처드(내셔날인스트루먼트)
James Truchard

일의 효율성을 높이기 위한 여가와 달리 놀이는 그 자체가 목적이고 목표다. 그래서 아이들의 놀이와 달리 어른들의 놀이는 환영받지 못한다. '놀고 있네'라는 비아냥거림처럼 다 큰 성인이 논다는 건 철부지나 나태한 사람으로 비춰진다. 인간의 특징은 놀이이며, 놀이로 인해 인류가 발전했다는 호모 루덴스란 철학 사관도 있지만 호모 사피엔스(생각하는 인간)이나 호모 파베르(생산하고 사용하는 인간)에 한참 못 미친다. 그래서 일을 놀이처럼 즐기라는 말은 경제적 보상이 뒤따르지 않는다 해도 자발적으로 하는 것이고, 재미에 흠뻑 빠져 손에서 놓지 못한다는 뜻을 의미한다.

"당근만 좋고, 채찍은 싫다"고 딱 잘라 말하는 백발의 회장님 제임스 트루처드 James Truchard는 노는 게 전부인 사람이다. 장난감 로봇을 만들고, 컴퓨터를 갖고 놀다가 이내 화단에 나가 흙을 만지며 자기만의 놀이를 한다. 공학자 출신으로 돈을 꿔서 자기 회사를 차린 것도 마음껏 놀 수 있는 직장이 필요해서였다. 그건 직원들에게도 똑같이 적용된다.

'일하기 좋은 직장', '좋은 CEO'로 매년 선정되는 내셔널인스트루먼트(NI)는 세계 과학자들과 기술자들에게 지대한 영향을 미쳤다. NI에서 만든 프로그래밍 언어와 그래픽 시스템은 스티브 잡스의 애플이 대중의 삶을 바꿔놓은 것과 같다는 평가다.

놀이의 중요성이 떠오르고 있지만 중요한 건 어떻게 노는가이다. 진정한 놀이는 돈을 지급하지 않고, 놀이공원이나 노래방처럼 놀아주기를 바라지 않는다. 원하는 대로 대상과 규칙을 바꿀 수 있어야 하고, 외부 자극엔 활짝 열려 있되, 자기 안의 감성을 일깨우는 것이다. 일흔이 넘은 나이에도 레고에 로봇을 장착해 노는 제임스 트루처드처럼 말이다. ▪

021

절약 습관

|

제럴드 수(이클레어그룹)
Gerald Hsu

|

경제 상황에 따라 저축이나 절약은 미덕이 되기도 하고, 역설이 되기도 한다. 어찌 되었든 아껴 쓴다는 것은 시간이나 물질이 무한대가 아니라는 걸 인지하면서 시작된다. 그래서인지 혹독한 고난을 겪고 성공을 거둔 사람 중엔 절약이 습관이 된 이들이 꽤 많다.

미국 실리콘밸리에서 가장 높은 연봉을 받는 이클레어그룹 CEO 제럴드 수 Gerald Hsu도 그렇다. 대만인인 그는 1960년대 700달러를 들고 미국으로 건너갔다. 한 문장의 영어도 제대로 구사하지 못하는 가난한 동양 청년의 생활이 어떠했을지는 충분히 짐작할 수 있다. 290여 개의 회사에 입사지원서를 냈고, 10여 개의 사업을 펼쳤다가 접기를 반복했다. 낮에는 세상과 부딪히고 밤에는 1만여 권의 책을 탐독하며 그는 "아무리 꾸며봐야 파란 눈의 하얀 얼굴을 한 백인이 되지 못한다"는 걸 알았다. 그래서 비싼 양복을 살 돈으로 프레젠테이션 강의를 들었고, 거금을 들여 백악관에서 연설 코치를 모셔왔다.

그는 기업 운영에서도 절약 습관이 무척 소중하다고 강조한다. 그런데 그가 말하는 절약은 내 기업, 내 주머니만을 아껴 비용을 절감하는 게 아니다.

"내 것만 중요하게 여기지 말고 남의 재산도 내 것만큼, 아니 내 것보다 더 존중해야 합니다."

미국 실리콘밸리에서 아시아계 간판 CEO로 우뚝 선 제럴드 수는 5년간 최고 속도로 성장을 실현한 기업인으로 월스트리트에 선정되기도 했다. 그러나 제럴드 수 부부 내외는 미국 30대 고졸 기술자들과 같은 수준의 검소한 생활을 하고 있다. 절약은, 습관이기 때문이다. ▪

022

아침

빌 그로스(핌코)
Bill Gross

세계 경제 중심지 뉴욕에는 '좋은 차를 탄 순서대로 출근한다'는 속언이 있다. CEO들의 아침 사랑은 영국 그리니치의 주자오선에서부터 경도를 타고 전 세계를 돈다. 특히 CEO 업무 특성상 아침은 그야말로 황금 같은 시간이다.

생물학적으로 이른 아침에 사람은 뛰어난 직관력을 발휘한다. 지난밤 내내 괴롭혔던 문제가 번뜩이는 섬광처럼 해결되는 순간이다. 창의적 아이디어도 이때 떠오른다. 반면 이성적 판단이 도드라지는 낮에는 프로세스가 활성화돼 일상적 업무를 보기에 좋다. 그래서 앤드류 카네기는 "아침잠이야말로 인생에서 가장 큰 지출이다"라고 했다. 차곡차곡 쌓아둔 저금 때문일까. CEO들의 아침에는 그들이 하는 일과 업무 스타일이 고스란히 들어있다.

진한 커피 향은 알람시계처럼 잠든 정신을 깨운다. 스타벅스의 하워드 슐츠 회장은 새벽 5시면 일어난다. 눈을 뜨고 마시는 커피 한 잔은 행복한 하루에의 예감과 같다. 각종 경제지를 챙겨 읽고, 보이스 메일로 세계 스타벅스 매장을 점검한다.

핌코의 창업자 겸 최고투자책임자 빌 그로스 Bill Gross는 새벽 4시 30분에 일어나 미국과 유럽, 아시아 주식 시장을 체크한다. 채권 왕이란 그의 별명은 밤사이 일어난 크고 작은 사건들을 꼼꼼히 살펴 반영하는 습관에서 비롯됐다. 그도 다른 CEO들처럼 일찌감치 출근하지만 곧바로 일을 시작하지 않는다. 물구나무서기를 하며 정신을 집중시키고 비로소 책상에 앉는다.

일부 진화론자들은 45억 년 전 지구가 막 탄생했을 때에는 하루가 4시간이었을 거라고 주장한다. 우주 팽창과 함께 하루가 지금처럼 커졌다는 추측이다. 이들의 상상대로라면, 태곳적 하루는 4시간, 그렇게 2,000일이 모여 1년을 만들었다. 4시간마다 찾아오는 아침, 2,000번의 날들은 성실히 지구를 만들어냈다. ▪

023

드로잉

허브 켈러허(사우스웨스트항공)
Herbert D. Kelleher

기록하고 표현하는 건 인간 고유의 본능이며 특성이다. 3만 년 전부터 사람들은 벽을 화지 삼아 끄적거리며 켜켜이 역사를 쌓아왔다. 글자가 정착하기 전 2만 5,000년 동안 모든 표현의 수단은 그림이었다. 하지만 지금은 달라졌다. 컴퓨터 자판은 활자와 숫자뿐이고 화술 강의는 큰 인기를 끄는 데 반해, 시각적 사고는 점점 위축되고 있다. 그러나 진화와 진보를 이루는 창의적이고 좋은 아이디어는 말과 글 같은 언어적 사고에서 나오지 않는다. 일부 문화인류학자들과 예술인들, 그리고 경영 전문가까지도 언어 중심적 사회에 우려를 표하는 건 이 때문이다.

시각적 사고 과정에는 눈과 손, 그리고 마음의 눈이 필요하다.

드로잉과 같은 간단한 그림은 말이나 글보다 더 효율적이다. 떠오르는 단상을 고민 없이 그려보는 건 생각을 정리해서 단어를 골라 일목요연하게 전달하는 것보다 훨씬 빠르다. 역발상의 획기적인 아이디어들은 식사 테이블 위에서 냅킨에 휘갈긴 그림으로부터 나왔다.

사우스웨스트항공 창업자 허브 켈러허 Herbert D. Kelleher 회장은 미국 뉴저지에서 변호사를 하는 사람이었다. 그는 우연히 롤링 킹이라는 고객을 만나서 이야기를 나누던 중 사우스웨스트항공의 창업 아이디어를 얻게 된다.

1967년, 롤린 킹은 부도난 지역 항공사를 정리하며 당시 변호사였던 허브 켈러허에게 조언을 구했다. 저녁 식사 자리에서 롤린은 문득 스친 생각을 냅킨에 쓱쓱 옮겨 그렸다. 비싼 연료를 쓰며 큰 도시를 운행하는 비행기 말고, 고속버스 같은 단거리 출퇴근용 비행기는 어떨까라는 생각이었다.

설명하자면 복잡다단한 그의 생각은 간단한 삼각형으로 표시됐다. 냅킨 위에 그린 이 그림은 저가항공 시장을 개척한 역사적 아이디어가 됐다. 지금도 사우스웨스트항공사 본사에는 이 냅킨이 상징처럼 걸려 있다.

익일 배달 시대를 연 국제운송회사 페덱스는 창업자 프레드릭 스미스가 채 10초도 안 걸려 그린 그림에서 출발했다. PC 업체 컴팩도 이와 비슷한 상황에서 이동형 PC를 만들어내며 길을 열었다.

손으로 그림을 그려 아이디어를 표현하면 모호한 생각을 걸어내고 핵심을 추려낼 수 있다. 의견을 듣고 토론하는 데도 매우 효율적이다. 한눈에 보이도록 덧붙이거나 지워낼 수 있기 때문에 모두가 토론의 진행 상황과 결론을 적확히 알 수 있다. 구글이 휴게실에 대형 칠판을 설치한 것도 이런 이유다. 누구나 쓸 수 있는 이 칠판에는 기괴한 그림과 낙서 같은 문자가 가득하다. 다른 사람의 그림에 덧붙이고 또 수정하고, 보완하는 건 예사다. 글이나 말이라면 불가능한 과정이다. 이런 이유로 최근에는 대학 최고경영자과정 AMP에서 드로잉 수업을 개설한 학교가 증가하고 있다.

화가이자 과학자였고 철학과 의학에 능통했던 레오나르도 다빈치는 난독증이었다. 40년간 1만 3,000장의 메모 그림을 남겼다. 공교롭게 인류 역사상 또 다른 천재 아인슈타인 역시 난독증이었다. 그의 노트에는 글씨 대신 공식과 이를 설명하는 그림들로 가득 차 있었다. ■

024

매너

엘리자베스 여왕(영국)
Elizabeth II

미국 컬럼비아대학교에서 기업가에게 '성공에 가장 큰 영향을 준 요소는 무엇인가?'라는 설문 조사를 한 적이 있다. 응답자들의 93%가 일제히 꼽은 성공의 열쇠는 바로 매너였다. 다소 의외의 결과였다. 매너는 격식에 맞는 태도다. '예(禮)'라는 단어가 명확지 않은 서양에서는 규제받는 에티켓과 자율적 선택의 매너를 엄격히 구분한다. 하지만 우리에겐 예의범절이란 단어로 충분하다.

매너는 집념과 의지의 산물도 아니고, 승리에의 쾌감을 주는 정신적인 것도 아니며, 물질로 치환되지도 않는다. 그래서인지 그동안 매너가 평가절하됐다는 자성이 곳곳에서 들려온다. 세계적 경영컨설턴트 톰 피터스는 여섯 가지의 생존 키워드 중 하나로 매너를 선택했다. 비즈니스 세계에서 매너는 실력일 뿐만 아니라 좋은 매너만으로도 복을 가져온다는 설명이다.

매너는 나라와 언어, 문화와 종교에 따라 대동소이하다. 중요한 비즈니스석상에서 익숙하지 않은 매너에 과욕을 부리다 결례를 범하고 말았다는 아찔한 에피소드가 줄을 잇는다. 그러나 매너의 기본은 배려라는 것을 상기할 필요가 있다. 엘리자베스 여왕의 일화는 좋은 매너가 무언인지를 보여준다.

여왕과의 식사 자리에서 중국 고위 관리가 식사 전 손가락을 씻는 핑거볼을 마시는 차라고 생각해 벌컥벌컥 들이켰다. 주변에 있던 사람들은 경직된 채 어찌할 바를 몰랐다. 이때 엘리자베스 여왕은 망설임 없이 핑거볼의 물을 마셨다. 서양식 식사 문화가 낯선 상대가 무안하지 않도록 배려한 최고의 매너였다. 만약 여왕이 이 상황에서 새 핑거볼을 중국 관리에게 가져다주도록 지시했다면 그건 매너가 아닌 매너리즘이 됐을 것이다.

매끈하고 능숙한 뉘앙스로 쓰이는 매너라는 단어와 달리 매너리즘에는 멸시 섞인 비판이 담겨 있다. 이 둘의 차이는 크지 않다. 매너가 되는 기본 룰도 같다. 하지만 타성에 젖어 상대의 입장을 헤아리지 못하는 매너는 매너리즘이다. 진정성과 같은 마음의 알맹이가 쏙 빠진 껍데기만 남아 있는 상태다. 장소와 상황에 따라, 상대의 연령이나 성별 또 결혼 여부 그리고 종교에 따라 익혀야 할 매너의 가짓수는 헤아릴 수 없이 많다. 그러나 기본은 하나다. 매너는 배려이고, 배려하는 마음은 곧 상대를 이해하고 들여다보는 데서 나온다는 사실이다. ∎

BUSINESS STRATEGY

경영 전략의
단어

025

배짱

이본 쉬나드(파타고니아)
Yvon Chouinard

배짱은 고이 품는 신념이나 가치관과는 다르다. 굽힘 없는 승부수다. 그만큼 실패의 리스크도 따른다. 그런데도 '배짱부렸다'는 경험의 주체들은 대부분 승리를 거머쥐었다. 패한 경우에는 배짱이 아닌 '어리석은 무모함'의 실패담이 되기 때문에 쉬쉬하는지도 모른다.

하지만 이본 쉬나드 Yvon Chouinard 회장 정도의 배짱이라면 설령 실패했다고 한들 두고두고 회자될 만하다. 그는 종합경제지 〈포춘〉이 '21세기 지구 상에서 가장 쿨한 회사'로 손꼽은 아웃도어룩 회사인 파타고니아의 창립자이자 회장이다.

"이익은 상대를 이용함으로써 생기는 것이 아니라, 서로의 문제를 이해하고 욕구를 충족시켜 줌으로써 얻어지는 효율의 대가일 뿐"이라는 쉬나드 회장 앞에선 기업의 최고 목표는 이윤 추구라는 시장의 논리가 무색하다.

〈뉴욕타임스〉에 'Don't buy this jacket'이라는 슬로건을 내세운 전면 광고를 실었을 때 허세로 생각하는 사람들도 있었다. '우리는 최상의 상품을 만들되, 환경 피해를 유발하지 않고 환경을 지키기 위한 대안을 모색합니다'라는 설명은 역설적 광고 기법처럼 보였다. 하지만 쉬나드 회장이 40여 년간 회사를 이끈 발자취를 본다면 그의 두둑한 배짱이라는 걸 인정할 수밖에 없다. 매장을 찾는 고객들에게 있는 옷을 수선해 입으라고 코치하고, 회사에 적자가 나도 어김없이 매출의 1%를 환경단체에 기부한다.

유독 산을 좋아했던 쉬나드 회장은 군 복무 뒤 등산 장비회사를 세웠다. 당시 미국에서 암벽 등반 붐이 일던 때였다. 너도나도 산으로 달려가 쇠못을 박으며 정상으로 올라갔다. 쉬나드 회장도 그중 한 명이었다. 그러던 중 그는 사람들이 박아댄 못 때문에 큰 바위에 생기는 균열을 발견하고 소스라쳤다. 충분히 돈을 벌고 있었지만 자연에 몹쓸 짓을 하고 있다는 죄의식이 들었다.

쉬나드 회장은 파산을 각오하고 쇠못 제조 사업을 접었다. 못 대신에 암벽의 홈에 끼워 쓰는 알루미늄 초크를 대안으로 제시했다. '깨끗한 등산 운동'을 통해 자신의 문제의식을 산악인들 곧 소비자들에게 알렸다. 반성과 자각을 촉구하는 내용이었다. 이익을 추구하는 기업들이 엄두도 낼 수 없는 방식으로 파타고니아는 2008년 금융 위기 속에서도 연간 50%씩 성장했다.

배짱은 '두둑하니' 가져서 '부리는' 것이다. 실패는 고려 대상이 아니다. 계산과 협상은 이 테이블에 오를 수 없다. 양팔 저울로 잴 수 있는 게 아니라 절대적 가치의 무거운 추를 툭 얹어놓은 대저울이다. 마땅히 옳은 것을 절대적으로 믿고 공용의 셈법으로 만들어내는 게 배짱이다. 그러므로 배짱은 신념을 실천하는 방법이며, 고도의 전술이다.

한편 쉬나드 회장은 한국에 각별한 발자취도 남겼다. 1960년대 군 복무를 한국으로 발령받았던 그는 북한산의 경치에 감탄했다. 그리고 시간 날 때마다 북한산을 오르며 암벽 등반로를 개척했다. 지금도 인수봉 암벽 등반 코스에는 쉬나드 A 길, 쉬나드 B 길이 있다. ▪

026

아메바 경영

이나모리 가즈오(KDDI · JAL · 교세라그룹)
稲盛和夫

멍게로도 불리는 우렁쉥이는 바다를 떠돌다가 안식처를 찾으면 자기 뇌를 먹어치운다. 더 이상 생각하고 판단할 필요가 없기 때문이다. 큰 위기에 처한 기업들 가운데에는 방만한 경영과 고착된 습관으로 회생불능 상태에 이른 경우가 많다.

2조억 엔이 넘는 빚을 끌어안은 JAL 일본항공은 빈사 상태였다. JAL의 회생을 점치는 이들은 매우 드물었다. 이제 JAL이 유일하게 할 수 있는 일이란 '살아있는 경영의 신' 이나모리 가즈오 稲盛和夫 회장을 찾아가 삼고초려 하는 것뿐이었다.

2010년 당시 이나모리 회장은 경영 일선에서 물러나 불교에 귀의해 있었다. 임원진의 간곡한 설득 끝에 이나모리 회장은 '단 한

푼의 보수를 받지 않고, 딱 3년만 일하겠다'는 조건으로 JAL 최고 경영자직을 수락했다. 그리고 취임 1년 만에 흑자 전환에 성공하고, 2년 차에는 법정관리를 벗어나 JAL을 재상장시키고 퇴임했다.

그는 뇌세포의 기저핵과 같은 존재다. 기저핵은 생각과 행동의 결정권을 가진 뇌세포로 각각의 세포들을 유기적으로 잇고 관장하는 세포핵이다. 잠든 세포들을 깨워 일하도록 하며 협력을 독려하는 기저핵은 그래서 '기적을 만드는 세포'로도 불린다. 지극히 작고 하찮은 역할을 하는 세포들에 목표를 부여하고 운동하게 함으로써 끊임없이 창조하도록 하는 것이다. 이나모리 회장의 경영 신화는 여기서 비롯했고, 이를 '아메바 경영'이라고 명명했다.

창조형 기업의 대표 사례로 연구되는 아메바 경영은 회사 전체를 소집단 아메바로 쪼개 독립적으로 운영하는 것이다. 필요와 요구에 따라 아메바 조직원은 3~4명의 소규모도 있고 40~50명으로 꾸려지기도 한다. 각각의 아메바는 알아서 생산하고 결정하며, 협력하고 또 서로 경쟁한다. 그러면 직원들은 큰 회사에 속한 '일개' 직원이 아니라 작은 기업에서 큰 역할을 담당하는 주요 인물로 일하게 된다. 대기업의 간부급은 아메바 경영에선 독립적 결정권을 가진 경영자다. 책임 경영으로 주인의식을 갖게 됨은 물론이다.

1959년 380엔의 소자본으로 출발한 교토세라믹이 사업 다각화 등 끊임없는 변모를 통해 세계 시장의 절반을 차지하는 큰 기업이 된 데에는 아메바 경영이 있었다. 이나모리 회장이 세운 기업뿐만 아니라 일본의 300여 개 기업에서 아메바 경영법을 도입해 운영하고 있다. ■

비전

|

핸리 포드(포드자동차)
Henry Ford

|

헬렌 켈러는 "맹인으로 태어난 것보다 더 불행한 것은 시력은 있되 비전이 없는 것"이라고 했다. 비전은 라틴어 어원 그대로 '본다'는 의미지만 실물로 보이는 걸 가리키진 않는다. 그것은 미래에 투영한 청사진으로 상상력과 의지가 결합한 산물이다. 시력은 기본적으로 타고나지만 비전을 '갖고', '품는' 건 개인의 역량이다.

헨리 포드 Henry Ford는 비전 메이커였다. 1903년, 천신만고 끝에 T형 포드를 완성한 헨리 포드는 은행으로 달려갔다. 생산 자금을 빌리기 위해서였다. 대출 심사를 받는 자리에서 그는 자동차를 보여주고 자동차가 가져올 새로운 미래를 열심히 설명했다. 대출

담당자는 은행 밖 거리를 내다보며 한심한 듯 말했다.

"저길 봐요, 멀쩡한 말들이 저렇게 많은데 자동차가 팔리겠습니까? 말처럼 쟁기질도 못 하는데?"

거리에는 마차를 모는 말발굽 소리가 가득했다. 시력을 가진 모든 이들이 또렷하게 볼 수 있던 그 장면은 헨리 포드에 의해 19세기 낡은 유물로 사라졌다. 그는 소액주주를 모아 자동차 생산에 들어갔다.

비전을 시력처럼 표현할 수 있다면 그의 비전 시력은 몽골 모겐족의 9.0에 버금갈 것이다. 그가 본 것은 도로를 달리는 자동차들, 한 데 모여 효율적으로 생산하는 공장 그리고 노동자들뿐이 아니었다. 1차 세계대전 그리고 좌우의 이념 대립이 매일 새로운 시한폭탄을 만들어내 세상이 어지러운 때에 헨리 포드는 포드의 생산 방식을 세계에 수출했다. 생산성을 높이고 임금을 인상해 평균적 삶의 질을 높이고자 한 것이다. 그리고 이러한 국제교역이 세계 평화에 이바지할 거라고 내다봤다.

독재자 히틀러나 소련 최초의 국가 원수 레닌의 존경을 한몸에 받은 것은 헨리 포드의 기술이나 생산력 때문이 아니었다. 미래를 보고 또렷이 실현해내는, 그리고 더 멀리 또 넓게 내다보는 그의 비전에 대한 찬탄이었다. ■

028

정성

반기문(UN)
潘基文

"UN 회원국과 다양한 국제 파트너 사이에서 조화를 이뤄가는 다리 건설자 역할을 수행하기 위해 모든 정성과 정력을 다하겠습니다."

UN 사무총장 수락 연설이 끝나자 만장일치로 통과시켰던 192개 회원국들의 뜨거운 박수가 쏟아졌다. '부드러운 동양의 리더십' 반기문 潘基文 총장은 이로써 세계 평화를 위한 국제연합 수장으로 임기를 연장했다. 그리고 '정성'을 다하겠다는 말로 약속을 다짐했다. 최선이 아니라 정성이다. 최선이 목표를 향한 전력투구의 자세라면 정성은 평소 그의 말대로 '마음을 여는 최고의 비결'이다.

'부드러운 리더십', '배려와 겸손', '성실한 자세'는 동방의 작은 나라 대한민국 그리고 지방 소도시의 가난한 집안 장남이 국제 세계 지도자로 발탁된 밑거름이다. 그 아래에는 지극한 정성이 물처럼 흐르고 있다.

1956년 헝가리에서 일어난 혁명과 유혈 진압 소식에 초등학생인 그는 UN 사무총장에게 직접 편지를 썼다. 탱크를 앞세운 무력이 가져다주는 공포와 슬픔을 잘 알았기에 무엇이라도 하고 싶었다. 이때 보냈던 탄원서가 훗날 알려지면서 반 총장은 헝가리 정부로부터 '자유의 메달'을 선사받았다. 그저 마음에 품거나 입으로 조아리는 기도로 그쳐도 될 일이었지만 열두 살 소년은 온 정성을 다해 편지를 썼고, 보냈다.

사실 반 총장과 명함을 나누며 대화한 사이라면 한 번쯤은 그의 자필 편지를 받았을 것이다. 1987년 그가 외교부에서 초고속 승진을 했을 때는 선후배에게 '너무 빨리 승진해서 미안하다'는 편지를 보내기도 했다. UN 사무총장으로 세계를 누비는 지금도 그는 편지를 보내 감사와 격려의 메시지를 전한다. 편지를 보낼 사람의 수가 많아도 받는 사람 이름과 보내는 사람 서명은 꼭 자필로 공들여 쓴다.

공부나 일을 할 때에도 정성은 기본으로 들어가는 재료다. 외국 사람을 직접 만나 영어를 실전 생활 언어로 적용해봤던 반 총장의 첫 경험도 정성의 결과다. 영어를 유독 좋아하던 그에게 선생님은 녹음기를 주며 듣기 교재를 만들어보자고 했다. 지도교사도 있는 데다가 당시 그의 실력이면 혼자서도 만들어봄 직했다.

하지만 그는 수줍음을 떨쳐내고 충주의 비료공장에 외국인 기술자들을 직접 만나러 갔다. 녹음기를 갖다 놓고 미국인들과 직접 대화했다. 녹음기를 반복해서 듣고 또 들었다. 책에 나온 문법 영어와 대화 영어 사이에 묘한 차이가 있다는 것도 발견했다. 먼 길마다 않고 꼬박꼬박 찾아오는 정성에 미국인 부부는 적극 그를 도왔다.

최선을 다하기 위해서는 의지가 필요하지만 마음에서부터 깃든 정성은 애써 의지를 요구하지 않는다. 분리되지 않고 자연스레 배어 있기 때문이다.

이성적 사고를 중시하는 서양에 최고나 최선을 나타내는 단어들은 선명하고 충분하다. 하지만 '정성'이라는 단어는 Heart를 이용한 숙어나 진실, 성실의 Sincere, 진지한 Earnest 등으로 혼용돼 있다.

반 총장이 '태산의 티끌도 가치가 있다'는 격언을 즐겨 생각하는 까닭을 짐작할 수 있다. 저마다 모든 가치를 가지고 있다는 걸 인정하면 온 정성을 다하지 않을 수 없다. ■

029

디테일

|

왕융칭(포모사그룹)
王永慶

|

디테일은 세부사항이다. 그래서 작고 사소하게 여겨진다. 물론 일을 함에 있어 선택과 집중의 초점은 매우 중요하다. 그리고 사람들은 보통 묵직한 것을 선택하는 데는 신중하지만 세부적인 것에는 그만큼의 고민을 들이지 않는다. 어떤 것은 제외하고, 일부는 무시해도 괜찮다고 생각한다. 하지만 '큰일'은 결국 작은 것에서 비롯된다.

중국 고대 사상가 한비자는 천장지제궤자의혈(千丈之堤潰自蟻穴), 즉 천 길 둑도 개미 구멍으로 무너진다고 했다. '악마는 디테일에 있다'는 서양 속담과 일맥상통하는 말이다. 작은 것에서부터 큰 위기를 불러온다는 사실을 뒤집어보면 작고 사소한 것들이 결정적이란 뜻이기도 하다.

겉보기에는 평이한, 어느 시장 골목 귀퉁이에 위치한 것과 같은 그 쌀집에는 유난스런 면이 있었다. 쌀을 배달하는 서비스는 기본, 정미기계가 발달치 않았던 때에 쌀가게 주인은 손으로 일일이 돌을 골라냈다. 주인의 장부에는 쌀 판매량만 기록돼 있는 게 아니었다. 고객 저마다의 특성, 가족 수, 쌀을 구입하는 시기 등이 깨알같이 적혀 있었다. 이 쌀집 장부에 기입된 손님들은 일부러 쌀을 사러 가지 않아도 쌀독에 쌀이 떨어질 즈음이면 쌀집 주인의 방문을 받았다.

이 젊은 쌀집 주인은 얼마 뒤 대만 최고 거상으로 거듭났다. 세계 3대 화상으로 꼽히는 대만 포모사그룹의 왕융칭 王永慶 회장이다.

그는 작은 것이라 해서 사소한 게 아니라는 걸 여실히 보여준 인물이다. 왕융칭 회장은 이것이 바로 역량이라고 말한다.

"수중에 있는 돈은 힘으로 빼앗을 수 있지만, 사람에게 내재된 역량은 무력으로도 훔쳐가지 못한다."

일을 해낼 수 있는 힘, 역량은 단어의 무게만큼이나 크게 느껴진다. 하지만 그 힘을 기르고 축적하는 첫 걸음은 부분 부분의 작은 운동에서부터다. ▪

030

용기

스티브 잡스(애플)
Steve Jobs

세익스피어는 겁쟁이는 여러 번 죽지만 용기 있는 사람은 단 한 번만 죽는다고 했다. 절체절명의 중요한 순간, 그 한순간에 결단을 내리는 게 용기다. 하지만 삶에는 여러 가지 변수가 있고, 다음번 미래를 기약할 수 있을지도 미지수다. 그래서 그 한 번을 포착해 큰 결단을 내리는 일은 대단히 어렵다. 이런 이유로 스티브 잡스 Steve Jobs는 직관, 그리고 그 직관에 귀 기울일 수 있어야 한다고 거듭 강조했다.

애플로 개인 컴퓨터 시대를 열고, 픽사를 인수하며 애니메이션 시장의 판도를 바꾸고, 아이팟과 아이튠스로 음악 및 방송을 대중으로 확장할 때에 그는 자신의 직관에 따랐다. 그때마다 주변의 우려와 반대가 잇따랐지만 스티브 잡스는 이렇게 말했다.

"벨이 전화를 발명할 때 시장조사를 했을 거 같아?"

마음속에 그려진 그것을 세상에 먼저 내놓고 사람들의 평가와 선택을 기다린 것이다.

스티브 잡스의 직관은 초월적 영성 에너지의 다른 말이다. 그가 밀밭에서 대마초를 피우고 마약을 하며 황홀경에서 헤엄쳤다거나 선불교에 매료돼 인도 여행을 간 사실은 널리 알려져 있다. 하지만 가만 들여다보면 그가 정말 강조한 건 직관 그 자체라기보다 직관을 실행하는 힘이었다. '직관하라'가 아니라 '직관에 따를 수 있는 용기를 가져야 한다'고 강조했다.

용기는 논리적으로 설명할 수 없고 수치화할 수 없음에도 절대적으로 자신을 믿는 데서 나온다. 그 길을 선택하고 이행하기까지 많은 장애가 있지만 그럼에도 불구하고 해보는 것이다. 그러나 모든 직관이 성공하는 것은 아니다.

이것은 안타까운 측면으로 치부해선 안 된다. 직관에 따르는 건 큰 용기다. 때문에 그에 따른 실패조차도 자기 삶에 필요한 과정으로 받아들이면 된다. 그 이유로 스티브 잡스는 후회를 하지 않았다. 애플의 성공만을 보는 이들에게, 아이튠즈의 혁신을 찬사하는 이들에게 잡스가 보내는 메시지는 명확하다. 그 실패들이 있었기에 이 모든 것들이 존재할 수 있었다는 것. 그것을 겪어낼 수 있는, 과감한 힘 그것이 용기다.

사람들이 좋아하는 위인들의 성공은 '그럼에도 불구하고'를 실행했기에 가능했다. ■

031

장기적 사고

|

제프 베조스(아마존닷컴)
Jeff Bezos

|

미국 텍사스 산악지역에는 1996년에 시작한 큰 공사가 아직도 진행 중이다. 터널을 뚫고 산 한가운데에 1만 년 동안 멈추지 않는 시계를 만들고 있다. 초침이 아닌 연침으로 1년에 한 칸씩 움직이도록 설계된 이 시계는 천 년에 한 번씩 뻐꾸기가 울며 세상을 깨울 예정이다.

길어야 백 년을 살기 어려운 게 인생인데 1만 년 시계 제작에 나선 별종은 누굴까? 장구한 시간 속에서 유한한 인생, 지속 가능한 가치를 일깨워 줄 1만 년 시계는 디지털 문화 전문가들이 설립한 롱나우재단의 첫 프로젝트다. 그리고 아마존닷컴 CEO 제프 베조스 Jeff Bezos는 4,200만 달러를 기부했다. 1만 년 시계야말로 그가 평소 강조해 온 장기적 사고를 선명히, 오랫동안 메시지화할 수 있기 때문이다.

아마존닷컴 성공 신화를 배경으로 IT 및 인문사회 분야 그리고 〈워싱턴포스트〉 인수에 이르기까지 제프 베조스는 다양한 분야에 걸쳐 변모하는 투자가다. 2012년 〈포춘〉은 그를 최고의 CEO로 선정하며 '한 번도 혁신을 멈추지 않은 기업인'이라고 정의했다. 그런데 제프 베조스가 사업을 하고 투자할 때에 불변하는 것을 찾아 오랫동안 본다는 관점이 더욱 흥미롭다.

일반적으로 시장에 뛰어들 때에 앞으로 무엇이 필요할 것인가, 무엇이 변할 것인가를 생각하지만 제프 베조스는 '향후 5~10년 동안 어떤 것이 변하지 않을까?'를 고민한다. 그렇게 찾아낸 것들에 경쟁 요소를 장착하고 7년 이상의 투자에 들어간다. 한때 아마존닷컴의 몰락이 예견됐을 때에도 그는 사업에서 빠져나오는 대신 물류사업과 데이터 스토리화 등을 통해 위기를 극복했다. 당장 혁신이 아니더라도 오랫동안 서서히 가는 것이 그의 스타일이다. 1만 년 시계처럼 한 칸씩. ■

032

신념

토마스 J.왓슨(IBM)
Thomas John Watson, Sr

어떤 가치로 무장했기에 흔들림 없이 절대로 변하지 않
고 품을 수 있는 걸까. 믿음과 확신이 더해져 신념이 자리 잡으면
그것은 진리보다 수명이 길다. 과학적 사실과 기술, 사람들마저도
신념을 중심으로 재편된다.

이제 IBM은 컴퓨터 생산 회사가 아니다. 백 년의 역사 속에 IBM
은 수차례 변모해왔다. 푸줏간 저울과 고기 써는 기계를 만들던
IBM의 전신 CTR에서부터 정보 처리사업, 이후 컴퓨터를 생산하
며 20세기를 주도했다. 하지만 이미 PC 사업을 매각했고, 빅데이
터 등 소프트웨어 분야에 주력하고 있다. 무려 10만 개의 독립적
운영 단위를 두고도 1915년 주식 상장 이래 흔들림 없이 승승장

구한다. IBM에 변하지 않는 건 창업자 토마스 J. 왓슨 Thomas John Watson, Sr의 기업 신념뿐이다. '모든 고객의 성공, 회사와 세상을 위한 혁신, 신뢰와 책임'은 'Think'라는 모토로 축약돼 있다.

토마스 왓슨은 기술 혁신과 함께 전문 인력을 개발하며 글로벌 기업 IBM의 미래를 준비했다. 신념이 분명하고, 뜻을 높은 곳에 두면 불가능한 건 아무것도 없다고 믿었다. 불확실한 것이라도 설령, 빚을 지게 되더라도 신념을 갖고 관철한 일은 기대 이상의 결과를 낳았다. 앞날을 계속 개척해가는 경영자 입장에서는 일을 추진할 때 모든 준비 조건을 갖춰둘 수 없다. 누구나 다 설득할 수 있는 것도 아니다. 성공적 결과물을 보면 고개를 끄덕일 테지만 갸우뚱하는 일에 먼저 나서야 하는 게 바로 기업인의 책무다. 그래서 신념이 필요하다.

그가 처음 CTR을 인수해 IBM을 창립할 때 CTR의 은행 부채 400만 달러를 해결해야 했다. 돈을 빌리기 위해 찾아간 은행에서는 CTR과의 거래 장부를 펼쳐 보여줬다. 파산 직전에 이른 이 회사를 위해 돈을 빌려줄 수 없다는 증거물이었다. 왓슨 회장은 미소 지으며 대답했다.

"이건 단지 과거를 드러낼 뿐이지요. 오늘 제가 빌리려고 하는 이 돈은 미래를 위한 겁니다."

결국 은행은 필요한 돈을 빌려줬다. 왓슨 회장은 자신이 한 말이 순간적 기지에서 나온 넉살이 아니라고 회고했다. 신념에서 나온 것이었다. 그만큼의 신념 없이는 일할 수도 없고 부탁을 해서도 안 된다는 게 그의 생각이다. IBM은 핵심가치를 위해 존재하며, 그

높은 뜻에 따라 반드시 성공할 거라는 신념은 든든한 자산이었다. 신념만 빼고 다 바꾸어도 좋다는 그는 고집 세고 반항적인 성격의 사람들을 기꺼이 승진시켰다. "이런 사람들이 충분히 많이 있고 이들을 참아낼 인내가 있다면 그 기업에 한계란 없다"고 믿었기 때문이다.

그래서일까. 그의 이름을 딴 IBM의 왓슨연구소는 백년 기업의 브레인으로 다수의 노벨상 수상자를 배출했다. 그리고 IBM은 창업자의 기업 가치를 철저한 신념으로 지켜 이어받았다. 그리고 창업자의 공언조차 뒤집으며 신념에 따랐다. 토마스 왓슨이 1943년에 했던 이 말이다.

"이 세상에는 컴퓨터가 다섯 대 이상 필요하지 않습니다."▪

033

예술

마쓰시타 고노스케(마쓰시타전기산업)
松下幸之助

그리스어에서 Art는 기술과 예술을 함께 뜻한다. 둘 다 인간에 의해 만들어지고, 작업 공정에 능숙해야만 결과물을 만들어낸다는 공통점을 갖고 있다. 예술적 창조와 기술적 능숙함은 달리 존재하는 게 아니라 양면일 뿐이라는 게 고대 철학자들의 생각이다. 물론 그것이 무엇을 목표하는가에서 예술과 기술은 명확히 갈린다. 기술은 유용성과 같은 경제적 효과를 염두에 두지만 예술은 아름다움 그 자체다.

마쓰시타 고노스케 松下幸之助 회장은 예술을 지극히 사랑했다. 사명을 깨닫는 것을 젊은 날의 업으로 삼았고, 재단을 세워 일본이 벌인 전쟁에의 무거운 책임을 지고 가려 했던 사람이다. 고노스케 회장은 아름다운 것을 추구하고, 그것을 널리 나누고자 했을 것이다. "경영은 곧 예술"이라는 그의 말에는 예술에 대한 사랑 못지않게 경영에 대한 애정과 존중이 담겨있다.

마쓰시타가 필립스와 기술 제휴를 맺을 때 필립스에서는 선급금과 주식 그리고 7%의 로열티를 요구했다. 그러자 고노스케 회장은 필립스 측에 경영지도료라는 생경한 항목의 비용을 요구했다. 고노스케는 필립스와 제휴를 맺으면서 마쓰시타전기의 가치를 인정받고자 했다. 즉 경영도 그 가치에 맞는 가격이 책정돼야 한다는 주장이었다.

경영은 그림을 그릴 때처럼 백지 상태에서 시작해 하나하나 정하고 균형을 잡아가며 세심하게 만들어가는 것이기 때문이다. 기본 방침을 펼쳐놓고 사람과 자본 조달 계획을 세워, 어디에 어떤 공장을 지을지 결정하고 물건을 만들어 판매로를 개척하는 일련의 과정을 예술품 만드는 데 대입하면 딱 맞아떨어진다. 결국 필립스는 요구했던 로열티를 4.5%로 내리고 마쓰시타 측에 3%의 경영지도료를 냈다.

예술에는 '혼'이 있다. 예술혼은 온 정신 그리고 정성을 다해 몰입하고, 추구하는 아름다움을 향해 한껏 승화시킨다. '힘'과 같은 물리적 수식어가 아니라 '혼'을 붙이는 까닭은 그것이 어지간한 노력으로는 가능하지 않아서다. 아직 '경영혼'이란 말은 없지만 고노스케 회장의 이와 같은 시도에 많은 경영인이 환영했다. ■

034

전략

잉그바르 캄프라드(이케아)
Ingvar Kamprad

인류 역사 절반은 전쟁으로 채워져 있지만 전략을 뜻하는 Strategy라는 단어가 영어사전에 기재된 건 200년밖에 되지 않는다. 1810년에 나폴레옹이 처음으로 판을 짠 전투에서 전략이란 단어가 기록됐고 후에 영어로 편입됐다.

당시 나폴레옹이 있던 부대는 영국군이 요새를 점령한 프랑스 남부 지역을 되찾을 목적이었다. 부대 지휘관은 미국 독립전쟁의 실례를 근거로 총공격을 해야 한다고 주장했다. 그러나 나폴레옹은 그 곁의 작은 요새 하나만 장악하고 대포를 준비시키면 지리적 특성상 영국군은 물러날 거라고 주장했다. 뒷받침할 만한 뚜렷한 전례는 없었다. 하지만 총공격이 큰 부담이었던 터라 지휘관은 나폴레옹의 전략을 수용했고, 마침내 승리했다.

지휘관과 나폴레옹의 차이는 하나였다. 한 사람은 전술가였고 한 사람은 전략가였다는 사실이다. 이미 검증된 기술 중 하나인 전술은 안정적인 방법이고 종종 승리를 거둔다. 하지만 상대 역시 그 전술을 알고 있다면 결과는 장담할 수 없다. 이에 반해 전략은 전술보다 더 유연한 사고를 요한다. 승리를 목표로 판을 크게 읽어야 한다. 이것이 바로 전략가의 능력이다. 그래서 전략에는 모방자가 생기기 어렵다.

치열한 경쟁 속에서 CEO들은 한 번의 전투에서 승리하는 전술가가 아니라 궁극적으로 이기는 전략가가 되길 원한다.

이케아가 있기 전에도 수많은 가구업체가 있었다. 고유의 브랜드를 가진 고급가구나 잘라낸 목재에 거친 페인트칠을 한 저렴한 가구거나, 어쨌든 나라마다 무수한 가구업체가 있었다. 그런데 스웨덴의 이케아가 세계 26개국, 280여 개의 매장을 운영하는 기업이 된 건 창업자 잉그바르 캄프라드 Ingvar Kamprad의 전략이었다.

그는 가구만을 만들어 판 게 아니다. 다른 업체들보다 넓은 매장에 밝은 조명을 달아 소비자들이 마음껏 가구를 고르도록 했다. 그들이 고른 가구는 설치 기사가 트럭을 몰고 따로 배달할 필요가 없었다. 구입 즉시 차에 싣고 가서 조립할 수 있는 가구이기 때문이다. 이케아의 가구는 바로 사서 제 손으로 조립해 쓰는 새로운 가구 소비 패턴을 만들어냈다.

캄프라드는 여기에 하나의 전략을 더했다. 깔끔하고 단순한 디자인을 이케아의 상징으로 만들면서 가구 제조 비용을 낮춘 것이다. 매년 조금씩 조금씩 가격을 인하하며 구축한 저가정책은 개발도상국 진출에 큰 발판이 됐다.

"내 핏속에는 장사꾼 기질이 흐른다"라고 말하는 캄프라드는 타고난 전략가다. 그가 이케아를 설립한 건 열일곱 살이었다. ▪

035

통찰력

베르나르 아르노(LVMH그룹)
Bernard Arnault

욕망은 은밀한 장막 뒤에 있다. 장막 뒤의 맨몸은 실루엣으로 그려질 때 더 유혹적이다. 그래서 욕망에는 적당히 비치는 장막이 필요하다. 베르나르 아르노 Bernard Arnault LVMH그룹 회장은 그 욕망을 읽었다. '최고급 욕망의 제국'을 세우겠다는 목표로 1987년 주류 회사 모엣 헤네시와 루이비통을 인수 합병해 LVMH그룹을 세웠다. 고루한 스타일로 소수 상류층의 전유물이었던 명품은 아르노 회장에 의해 보상과 욕망의 옷을 입고 재탄생했다.

장인들의 손끝에서 만들어지던 제품을 기계화하며 생산 수량을 전격 늘렸고 최신 감각의 디자이너를 영입했으며, 브랜드에 이미지를 만들어 이름값을 높였다. 불가리의 최고급 다이아몬드 반지로 청혼을, 인생 최고의 순간에는 돔 페리뇽 샴페인으로 축배를, 지방시 블랙 드레스를 입은 여인을 유혹하는 남성의 무기는 디올 향수로……. 저마다 다른 60여 개의 명품 브랜드는 모두 LVMH그룹의 것이다.

아르노 회장은 프랑스인이기는 하지만 이공계 출신으로 콘도 개발로 돈을 모은 건설업자였다. 명품과는 전혀 거리가 먼 사람이 어떻게 명품시장을 열 수 있었던 것일까? 그가 거느린 브랜드들처럼 그 역시도 철저한 신비주의에 가려져 있기에 뒷이야기를 알 수는 없다. 하지만 그가 사람들이 가진 명품에의 욕구를 포착한 게 고향 프랑스를 떠나 미국 플로리다로 이주한 시점이라는 건 좋은 힌트가 된다. 꿰뚫어 보는 힘, 통찰력은 대상을 생경하게 보는 데서 출발하기 때문이다. 익숙한 시선, 습관적 사고를 버리면 마치 매직아이처럼 대상의 본질이 떠오른다.

아르노 회장은 미국인들이 유럽 명품에 관심이 많다는 사실을 알게 됐다. 각종 질 좋은 공산용품을 제한 없이 생산해내고 있지만, 짧은 역사의 미국 땅에는 없는 것들을 봤다. 장인정신, 유구한 역사, 클래식한 디자인은 유럽 명품에 담겨 있다는 걸 깨달았다.

문득 떠오르는 직관에 비해 통찰에는 배경을 보고 이질적으로 생각하는 단계가 있다. 그래서 통찰력을 기르는 데 다소의 훈련이 필요하다. 그래도 손해 보는 장사는 아니다. 통찰력으로 습득한 지식과 정보는 망각 저항이 강해서 오래도록 기억되기 때문이다. ■

036

불가능

기 랄리베르테(태양의 서커스)
Guy Laliberte

계획은 목표를 달성하는 데 있고, 목표는 목적을 이루기 위해 있다. 큰 목표에 도달하기 위해 중간 중간에 작은 이정표들이 있어야 한다. 가급적 가까이, 수월히 이룰 수 있는 지점에 말이다. 하지만 어떤 이들은 불가능에의 도전 그 자체를 성취로 여기기도 한다. 묘기를 예술로, 천막 쇼를 거대 엔터테인먼트 사업으로 승화한 '태양의 서커스' 사람들은 매일 아침 "오늘 내가 해야 할 불가능한 일이 뭐지?"라는 질문으로 하루를 시작한다.

21세기 유랑극단 태양의 서커스는 미국 라스베이거스와 도쿄, 마카오를 비롯한 세계 곳곳에서 도시의 밤을 밝힌다. 과거 낡은 유물로 치부되던 서커스를 거대 문화 사업으로 바꾼 이는 거리예술가 기 랄리베르테 Guy Laliberte다.

아코디언을 연주하고 불을 뿜는 묘기로 빵값을 벌던 가난한 청년은 자기와 같은 사람들을 모아 태양의 서커스를 창단했다. 돈이 없었기 때문에 이 서커스에는 동물도 없었고 화려한 기술을 요하는 쇼도 없었다. 그 당시 서커스가 사양산업이란 걸 감안하면 '태양의 서커스'는 존재하는 것 자체가 불가능해 보였다. 심지어는 재앙을 예고하듯 공연 첫날 장막이 무너져 내리기도 했다.

하지만 기 랄리베르테는 불가능한 것을 꿈꿨다. 당장 현실에서 바꿀 수 없는 것이라면 그 외 어떤 것에 도전할 수 있는지를 모색했다. 마침내, 서커스는 스토리와 감동이란 새 옷을 입고 사람들에게 다가왔다. 인생과 눈물이 담긴 이들의 이야기는 서커스이되 서커스가 아닌 새로운 형태였다. 공연을 본 세계의 수많은 관객이 태양의 서커스를 보고 자신의 삶이 바뀌었다는 정성 어린 편지를 보내온다.

기 랄리베르테는 지금 또 다른 불가능에 도전 중이다. 우주에서의 마술쇼를 연구하고 있다. 사전 답사로 직접 우주에 다녀오기도 한 그는 우주 비행사들에게 간단한 마술을 전수했다.

신화 속에서 이카로스는 태양에 더욱 가까이 가고 싶은 마음에 날개조차 잃고 추락했다. 그래서 이카로스는 어리석음과 과욕의 상징이다. 하지만 다른 말로 '이카로스의 꿈'은 불가능한 도전이다. 이카로스는 추락했지만 그 열망과 도전은 오래도록 남아 사람들에게 많은 영감을 줬다. 기 랄리베르테는 이카로스가 남긴 날개로 날아올랐다. ■

037

모방

샘 월튼(월마트)
Samuel Moore Walton

이제 막 개장을 앞둔 잡화점을 찾아 시카고에서부터 날아온 남자들이 있었다. 정장 차림의 그들은 잡화점 주인 샘 월튼 Samuel Moore Walton을 조용히 불러냈다. 그리고 본사로부터 받은 메시지를 명료하게 전달했다. 그 메시지는 잡화점을 열지 말라는 것이었다. 사실 이 잡화점 주변에는 비슷한 규모의 가게들이 여럿 있었다. 그럼에도 전국 체인 프랭클린잡화점 본사에서 직원들을 이 가게로 파견한 이유는 샘 월튼의 탁월한 사업 수완을 알기 때문이었다.

원래 샘 월튼은 프랭클린잡화의 체인점 주인이었다. 본사와 상관없이 좋은 물건을 구해와 저렴한 가격에 대량으로 판매하며 독자적 사업 전략을 썼다. 또 판매를 이벤트화해서 사람들이 홀린 듯

지갑을 열게 했다. 그런 그가 자기 이름을 딴 가게를 만들고 있으니 프랭클린잡화점은 치졸한 방법을 써서라도 샘 월튼을 막아야 했다.

결국 프랭클린잡화점이 옳았다. 월마트는 'Everyday Low Prices!'라는 모토를 앞세워 1년 만에 백만 달러의 매출을 달성한 것이다. 시골 아칸소의 이 소매업자는 그 많던 경쟁자들이 쓰러지는 동안 미국 그리고 전 세계로 뻗어나갔다. 이런 기적과 같은 일이 어떻게 가능했을까?

샘 월튼은 "내가 한 일의 태반은 다른 사람의 모방이었다"라고 고백했다. 정말 그가 월마트를 1호점에서 2·3·4호점을 확장하는 과정은 어디선가 봄 직한 것들이 담겨 있었다.

소형 녹음기를 갖고 다녔던 샘 월튼은 항상 배워야 할 것들을 찾았다. 그의 즐거움 중 하나는 경쟁사의 매장을 방문하는 것이었다. 집요하게 질문하고, 메모하는 그의 방문은 환영받지 못했다. 그 까닭에 월마트 직원들은 경쟁업체를 둘러보고 오라는 사장의 닦달에 시달려야만 했다. 검소한 샘 월튼이 성공 후에 부렸던 딱 하나의 사치는 전용기 구매였다. 그는 이걸 타고 미국 전 지역의 월마트와 경쟁 업체 매장들을 마음껏 찾아다녔다.

그는 같은 소매업자들뿐만 아니라 생산자들의 것도 재량껏 모방했다. 한때 훌라후프가 크게 유행하자 월튼은 호스 제조업자를 찾아가 호스를 공급받았다. 그리고 다락방에서 직접 호스를 이어 붙여 훌라후프를 제작했다. 그 지역의 아이들은 모두 월마트가 자체 제작한 저렴한 훌라후프를 돌려댔다.

모방은 다양성이나 창의성에 가려져 저평가되어 있다. 그러나 모방도 기술이다. 빠른 시간 안에 경쟁자를 추월하고 큰 위험 없이 성공에 이를 수 있는 확실한 방법 가운데 하나다. 사실 사람들은 무엇을 모방해야 하는지 잘 모른다. 장점을 알아보고 자기 상황에 맞게 가져오는 건 매우 까다롭고, 기술과 감각을 요하는 일이다. ▪

038

상식

이사도어 샤프(포시즌스그룹)
Isadore Sharp

일반 사람들 모두가 생각할 수 있는 보통의 건강한 이성, 상식. 하지만 상식이란 게 단어의 뜻처럼 쉽고 보편적이라면 우리는 굳이 상식이 통하는 사회를 외치며 상식적 기준을 내세우지 않을 것이다. 일반적이고 보편이라고 강조하는 건 그만큼 상식이 모호하다는 방증이다. 수천 년간 지구가 네모난 형태라는 게 상식이었던 것처럼, 상식은 과학적이거나 절대성을 띤 진리가 아니다. 하지만 분명한 건 어떤 상식이 보편화할 때는 기존의 상식을 과감히 뛰어넘는 누군가들의 의문에서 출발했다는 것이다.

세계에 100여 개의 최고급 호텔을 둔 포시즌스그룹 창립자 이사도어 샤프 Isadore Sharp는 호텔업에 서비스를 상식으로 만든 장

본인이다. 미장공의 아들로, 건축업자였던 그가 1969년 토론토에 작은 호텔을 세우기 전까지 호텔은 고객들에게 그날그날 방을 임대하는 사업에 지나지 않았다. 이사도어 샤프는 신혼 첫날밤을 보내기 위해 토론토에서 가장 유명한 호텔에 묵었다. 그런데 큰 맘 먹고 방문한 호텔에서의 밤은 매우 실망스러웠다. 방음도 제대로 안 돼 있었고, 화장실은 옆 방 투숙객들과 공용이었다. 졸졸 나오는 샤워기를 참다못한 아내가 소리쳤다.

"대체 왜 비누와 수건을 쓰는 데 따로 돈을 더 내야 하는 거야?"

옆방의 소음으로 잠조차 들 수 없는 신혼 첫날밤, 멍하니 천장을 보던 이사도어 샤프는 벌떡 일어났다. 아내와 함께 느낀 당연한 불편을 개선한 '상식적인 호텔'을 만들겠다고 결심한 것이다.

그리고 그는 토론토의 작은 모텔을 인수했다. 자본력도 없고 호텔 전문가도 없었지만 그의 상식은 모텔을 최고급의 호텔로 승격시켰다. 호텔에서 욕실용품과 목욕 가운 등을 무료로 제공하기 시작한 것도 이사도어 샤프가 만든 토론토의 포시즌스 호텔에서부터다. 24시간 세탁, 호텔 내 피트니스센터도 이사도어 샤프에 의해 만들어졌다. 그와 아내가 첫날밤 묵고 싶었던 호텔, 비싼 값을 치르며 받고 싶었던 손님 대우를 제공한 것이다.

포시즌스는 호텔업계에 후발주자였지만 서비스라는 새로운 상식을 만들어냈다. 빠른 속도로 보편화한 상식을 바탕으로 포시즌스는 최고급의 호텔로 인식되며 단기간에 급성장을 이뤄냈다. 그리고 그가 만들어낸 상식은 모두의 것이 되어 보편화됐다. ■

039

스토리

블레이크 마이코스키(탐스슈즈)
Blake Mycoskie

스토리에는 주인공이 있다. 거창한 꿈이 없더라도, 고난과 역경으로 점철된 대단한 모험이 아니어도 된다. 조곤조곤 전하는 이야기는 전혀 상관없는 사람들을 감정의 고리로 엮는다. 머리로서의 이성이 아닌 가슴으로 다가가 감정을 어루만진다. 그래서 딱히 설명할 수 없이 묘한 끌림이 발생한다. 이것이 바로 스토리의 마법 같은 힘이다. 스토리의 마법은 이제 책이나 영화 같은 장르 작품을 뚫고 현실 세계로 나왔다.

'신발 한 켤레를 사면 맨발로 사는 아이들에게 한 켤레를 기부할 수 있습니다.'

일회성 이벤트도 아니고, 이윤을 목적으로 하는 사업에서는 말도 안 되는 신발 장사였다. 모든 구매 고객이 자선사업가가 되길 바라는 걸까? 주변 사람들이 뭐라고 하건 실행력 뛰어난 블레이크 마이코스키 Blake Mycoskie는 소비자가 한 켤레를 구매하면 한 켤레를 기부하는 이른바 '1+1 신발' 250켤레를 만들었다.

그는 어려서부터 이런저런 사업을 벌여 꽤나 성공한 청년 사업가였다. 휴식을 위해 떠난 아르헨티나 여행에서 돈이 없어 맨발로 다니는 아이들을 보고 즉각 생각한 사업이었다. 디자인도 아르헨티나 옛날식 신발을 본떠 만들었다. 맨발의 아이들에게 이 신발을 다시 신겨주겠다는 약속을 담아 회사명도 내일의 신발이라는 의미로 'Tomorrow's Shoes'를 줄여 탐스 TOMS로 이름 지었다.

막무가내로 전문 매장에 신발을 진열해뒀지만 아이들에게 신발을 줄 내일은 더디게 왔다. 하지만 세상의 흥미로운 이야깃거리를 찾아다니는 신문사 기자에겐 재밌는 상품이었다. 〈로스앤젤레스 타임스〉에서 그를 취재해갔다. 그리고 신문에 기사가 실린 그 날 2,200건의 주문이 들어왔다. 그가 갖고 온 신발은 250켤레였는데 말이다.

모든 사람이 정말 천사가 되기로 작정한 걸까? 어쨌든 신발을 더 만들고 배송하려면 8주나 더 필요했다. 주문자들에게 연락해 사정을 알렸다. 그들 중 단 한 명만이 곧 출국해야 한다며 주문을 취소했다. 다른 모든 고객은 신발을 기다리겠다고 했다.

금방 1만 켤레 판매를 돌파했다. 그는 약속대로 1만 켤레의 신발을 가지고 아르헨티나에 갔다. 상처투성이 아이들의 작은 발을 들어 신발을 신겨주었다. 그 뒤 아프리카와 네팔 등 소비자가 보낸 탐스슈즈를 신은 아이들은 1,000만 명에 이른다.

일련의 과정을 겪으며 마이코스키는 탐스슈즈의 성공은 '스토리'에 있다는 걸 깨달았다. 그 스토리는 빈곤과 신발조차 못 신는 아이들에 대한 설명이 아니다. 사업가였던 그가 여행을 떠났고 그곳에서 맨발로 다녀야 하는 아이들을 만났으며, 심지어 신발을 신겨주겠다는 약속까지 하고 돌아왔다는 이야기에 사람들은 기꺼이 지갑을 열었다. 스토리를 통해 마치 그 개개인이 주인공 마이코스키가 된 것처럼 느꼈다.

마이코스키는 한동안 짝짝이 신발을 신고 다녔다. 지나가던 사람들이 "왜 짝짝이 신발을 신고 있느냐"고 물어오면 탐스슈즈를 이야기할 기회를 만들 수 있었기 때문이다.

선한 동기, 좋은 아이디어로 시작한 사업은 이전에도 많았고 지금도 많다. 하지만 그 모든 것들이 성공하진 않았다. 사업 뼈대에 스토리를 입는 건 재투성이 아가씨가 신데렐라로 변신하는 것과 같다. ■

040

사람

앤드류 카네기(카네기철강회사)
Andrew Carnegie

19세기 산업혁명과 함께 담금질된 선철은 단단하고 강하다. 반면 강철은 질기고 늘어나는 성질을 갖고 있다. 두드리고 만지면서 필요에 따라 가공해서 쓸 수 있다. 그러나 강철은 까다로운 제조 공정과 비용 때문에 기피 대상이었다. 산업혁명의 쇠를 달구던 사람들은 틀에 들이부으면 되는 선철을 두고 굳이 강철을 쓸 필요가 없었다. 하지만 강철이 가진 놀라운 잠재력을 깨달은 사람이 있었다. 그래서 그의 별명도 강철왕, 앤드류 카네기 Andrew Carnegie다.

만들기 까다롭다는 강철의 약점은 사실 그의 전공이었다. 어차피 모든 것은 사람 손끝에서 나오니 말이다.

카네기는 아주 어린 시절부터 '사람'을 움직이고 다루는 데 능숙했다. 어린 시절 토끼풀을 한 번도 뜯지 않고도 너끈히 토끼를 기른 일은 카네기가 사람을 어떻게 움직이는지를 잘 보여준다. 카네기는 친구들에게 토끼 먹이를 구해다 주면, 토끼에게 그 친구들의 이름을 붙여주겠다고 했다. 친구들은 제 이름이 붙은 토끼가 잘 자라기를 바라며 양질의 먹이를 구해다 주고 보살폈다.

그는 사람이 가진 힘에 대해 알고 무엇이 그 사람을 움직이게 하는지를 천부적으로 알고 있었다. 강철 레일을 펜실베니아 철도회사에 팔기 위해 공장 이름을 애드가 톰슨 공장이라고 했다. 펜실베니아 철도회사 사장 이름이었다.

앤드류 카네기 이름 뒤에는 기업인이자 자선사업가란 설명이 따르지만 20세기 대표적 노동 탄압 사례인 '홈스테드 학살사건'과 같은 큰 오점도 있다. 물론 앤드류 카네기가 진심으로 사람을 아끼고 존중했는지는 모를 일이다. 하지만 적어도 그는 사람이 가장 중요하다는 걸 알았다. 그리고 그 사람의 마음을 여는 열쇠는 돈과 같은 물질이 아니라 보람과 명예라는 사실도 알았다. 앤드류 카네기의 묘비명엔 다음과 같은 글이 새겨져 있다.

'자기보다 훌륭하고 덕이 높고, 자기보다 잘난 사람, 그러한 사람들을 곁에 모아둘 줄 아는 사람, 여기 잠들다.' ∎

041

완벽

레이 크록(맥도날드)
Ray Kroc

레이 크록 Ray Kroc은 세계 대부호 가운데 가장 늦은 나이에 사업을 시작했다고 할 수 있다. '콜럼버스는 미국을 발견했고, 제퍼슨은 미국을 건국했고, 레이 크록은 미국을 맥도날드화했다'는 말은 중의적 의미가 있지만 레이 크록이 미국의 문화를 만든 사업가임엔 분명하다. 지금도 세계 물가 및 화폐 가치를 평가할 때, 각지역 맥도날드 햄버거 가격을 비교한 빅맥지수가 활용되고 있다.

레이 크록이 시카고에 맥도날드 1호점을 열었을 때 그의 나이는 53세였다. '사람은 눈앞에 온 기회를 놓쳐선 안 된다'는 신조를 품고 산 그였지만 종이컵을 파는 그에게 큰 기회는 찾아오지 않았다.

그러던 중 우연한 계기로 캘리포니아에 맥도날드 형제가 운영하는 레스토랑을 방문했다. 감자튀김과 햄버거의 맛으로 정평이 난 이 식당에는 여타 레스토랑과 같은 서비스는 없었다. 비용 절감을 위해 반드시 필요한 것들만 남기고 메뉴도 단출하게 꾸려 효율적으로 운영하고 있었다. 레이 크록은 신선한 충격을 받고 맥도날드 형제와 프랜차이즈 사업을 계약했다.

사실 레이 크록이 낸 맥도날드 1호점은 그의 1호점일 뿐, 당시에는 맥도날드 형제가 계약한 체인점이 10여 군데나 있었다. 그러나 그 가운데 살아남은 건 레이 크록의 맥도날드뿐이었다. 그는 창업 5년 만에 전국에 200여 개의 지점을 더 냈다.

그 비결은 레이 크록이 추구한 완벽에 있다. 그는 자신의 1호점뿐만 아니라 2·3·4·5점……그 모든 맥도날드를 관리했다. '음식은 맛있고 분위기는 깔끔하다'는 맥도날드 레스토랑의 첫인상 그대로를 재현하려 한 것이다.

그런데 감자튀김에서 묘한 차이가 발생했다. 분명 똑같은 주방 환경에, 같은 식재료, 요리법을 쓰는 데도 감자튀김은 맥도날드 형제가 만든 것처럼 바삭하지 않았다. 레이 크록이 정확한 조리법을 재차 확인하자 맥도날드 형제도 당황스러웠다. 다른 게 없었으니 말이다.

레이 크록은 감자협회에 도움을 청했다. 그 결과 맥도날드 형제는 감자를 철망에 담아 보관한다는 아주 작은 차이점을 발견해냈다. 맥도날드 형제조차도 몰랐던 이 차이는 바삭한 감자튀김의 핵심이었다.

레이 크록은 어렵게 찾아온 기회를 놓치지 않기 위해 완벽에 완벽을 기했다. 전국 맥도날드 매장을 수시로 찾아가 점검했고, 경쟁사가 호평을 들을 때는 한밤중에 몰래 쓰레기통을 뒤져 어떤 재료를 얼마만큼 쓰는지 확인할 정도였다. 충분한 부를 이루고 성공했지만, 그는 1984년 1월 14일 여든두 살의 마지막 날까지 맥도날드에서 일했다. ▪

042

Wow

토니 셰이(자포스닷컴)
Tony Hsieh

간부들에게 하루 한 시간은 농땡이 치도록 독려하는 회사, 사장이 직원을 집무실로 불러 술을 권하며 면담하는 회사, 그만두겠다는 신입사원에겐 2,000달러를 지불하는 이상한 회사가 있다. 이것이 초임 직원 수준의 연봉을 받는 사장이 악감정으로 회사를 망하게 하려는 작전이라면, 사장의 전략은 실패했다. 회사는 해마다 매출이 늘고 경기 침체로부터 자유롭다. 샌프란시스코에 있던 본사를 멀리 네바다 주로 옮겨도 대부분의 직원은 짐을 싸들고 따라왔다.

이 회사가 바로 신발 전문 온라인 판매 회사 자포스닷컴이다. 자포스닷컴은 지난 1999년 신발 전문 판매로 시작해 현재 여성 의류 등 모두 44개 아이템에서 1,200여 개의 브랜드를 다루는 미국 굴지의 판매 회사다.

CEO 토니 셰이 Tony Hsieh는 창업하던 20대 때와 똑같이 '철없이 행복한' 사람이다. 감동이나 만족, 행복과 같은 단어는 그에게 고루한 양복과 같다. 경영 제1계명으로 "서비스받는 고객이 '와' 하며 감탄하게 한다"를 못 박은 것처럼 그는 'Wow!'의 감탄사를 사랑한다. 자포스닷컴이 광고 없이 입소문만으로 빠른 시간에 자리 잡은 데에는 넘치는 감동의 'Wow'가 있었기 때문이다.

한 여성 고객이 남편의 생일 선물로 구두를 주문했다. 그런데 구두 도착 직후 남편은 불의의 사고로 사망했다. 이 여성은 자포스닷컴 콜센터로 반품을 문의했는데, 다음 날 집으로 조화가 배달됐다. 상담했던 직원이 위로의 뜻으로 보낸 것이었다. 이 여성은 크게 감동했지만, 직원의 꽃값 영수증을 받은 회사에선 유별난 일이 아니었다. 고객들이 감탄사를 절로 흘릴 만큼의 감동 서비스는 회사가 직원들에게 하는 것과 같은 선상에 있기 때문이다.

신세대 경영 모델로 시장에 충격을 선사한 토니 셰이 사장은 불모지에 더 큰 기적을 만들려고 준비 중이다. 자포스닷컴을 아마존에 매각해 남긴 1조 원으로 낙후된 도심을 사들였다. 유령 마을처럼 폐허가 된 공간에 학교를 짓고, 거리를 새로 단장하고, 사람들이 모여들 공원과 공연장도 짓고 있다. 그리고 감탄할 사람들을 불러 모으고 있다. 꿈이 있는 젊은 창업가들, 재기의 발판을 찾고 있는 영세상인들, 가난한 예술가들 그 누구라도 원하는 것을 할 수 있도록 지원해주는 꿈의 마을이다. 자금이 필요한 이들에겐 무이자로 대출해준다. 무료 레스토랑과 바도 있으니 마음 졸일 필요도 없다.

채 마흔도 안 된 토니 셰이가 앞으로 얼마만큼 세상을 놀래고 감탄하게 할지 기대해도 좋을 듯싶다. ▪

043

기업 문화

|

루이스 거스너(IBM)
Louis V. Gerstner

|

1970년대까지만 해도 IBM은 적자와 노조, 해고가 없는 3無의, 세계에서 가장 좋은 회사였다. 그리고 1990년대에도 IBM은 여전히 좋은 회사였다.

젊은 친구들이 모여 있었다. HP나 컴팩은 가격 흥정부터 장비 설치까지 무려 2주나 걸린다는 사실에 불평을 늘어놨다. 그러자 한 친구가 큰 한숨을 내쉬며 말했다.

"그건 약과지. 내 IBM은 통화 연결에만 두 달이 걸렸다고."

그의 말에 친구들이 일제히 외쳤다.

"와! 운이 좋은데."

서비스 불통의 IBM을 희화한 것이지만 결코 과장된 이야기는 아니다. 독점적 기술력으로 화려한 성공을 거뒀던 IBM은 치고 올라오는 HP와 컴팩, 애플을 보지 못했다. 1993년 최악의 위기를 맞으며 회생 불능에 빠졌을 때조차도 IBM 직원들은 신임 회장 루이스 거스너 Louis V. Gerstner의 강도 높은 구조조정에 야유를 보냈다.

거스너는 IBM에는 3無에 더해 비전과 경쟁의식이 없다는 걸 깨달았다. IBM이 하드웨어에서 확장해 종합서비스 회사로 갈 것을 선포한 그는 IBM 회생 프로젝트의 목표를 재기에 두지 않았다. 기업 문화 그 자체의 체질 개선을 큰 목표로 삼았다. 보고서를 열 장 이내로 줄여 실용을 강조했고, 임원들이 당연하게 받았던 주식은 자비로 사도록 했다. 직급이 높을수록 조직성과에 따라 차등해서 보상받도록 하여 개인주의를 뿌리 뽑고자 했다. 내부의 거센 반발과 회사 밖의 회의적 시선과 조롱 속에서 루이스 거스너 회장의 체질 개선은 계속 진행됐다. 얼마나 힘들었던지 그는 하루하루가 뜨거운 모래를 걷는 것 같았다고 회고한다.

IBM은 그의 취임 2년 만에 흑자로 돌아섰고, 이후 최고치를 경신했다. 악명 높은 구조조정을 단행했지만 결과적으로 과거에 비해 직원수는 7만여 명이 늘었다. 루이스 거스너 회장은 CEO의 임무는 조직의 문화를 바꾸는 것이라고 강조한다.

계몽주의 사상가 루소는 "인간은 경작을 통해 식물을 기르고 교육을 통해 인간을 기른다"고 했다. 문화, Culture는 경작과 교육을 뜻하는 라틴어 Colere에서 생겨났다. 문화는 자연 상태 그대로 방치하지 않는 것이다. 목표와 목적을 가지고 가꿈으로써 가치를 만들어내는 행위다. ■

044

코치

에릭 슈미트(구글)
Eric Schmidt

누구나 삶의 어느 시기엔 코치가 필요하다. 지도하고 가르쳐 주는 이 없이 처음부터 잘해낼 수 있는 사람은 없다. 하지만 일정 시기가 지나고 나면 코치는 잔소리를 달고 다니는 그림자처럼 여겨진다. 따로 코치를 두고 있다는 건 프로들에겐 자존심 상하는 고백이다. 왠지 본인이 가진 역량과 재능, 판단과 행동이 코치에게서 비롯된 것 같아 보여서다. 나쁘게 표현하면 코치의 두뇌로 손발을 움직이는 것 같다고 할 수 있다. 이만저만 마음이 쓰이는 게 아니다.

에릭 슈미트 Eric Schmidt가 구글 CEO 면접을 봤을 때 그랬다. 反 마이크로소프트의 선봉대로 JAVA를 탄생시키고, 리눅스 업체 노벨의 CEO를 맡았던 그는 IT 업계에서 모셔가고 싶어 하는 경영자였다. 그는 지인의 부탁에 못 이겨 구글 면접에 응하게 됐다. 그런데 면접장 문을 열자마자 눈에 띈 것은 프로젝트로 벽면에 띄워놓은 그의 프로필과 사진이었다.

구글 창업자인 두 20대 청년(래리 페이지, 세르게이 브린)이 거만한 자세로 앉아 있었다. 그들에게 에릭 슈미트는 76번째 CEO 지원자였다. 당초 예정된 시간을 훌쩍 넘겨 에릭 슈미트와 구글 창업자들 간의 치열한 설전이 벌어졌다. 닷컴 시장의 미래와 검색 엔진 사업의 전망, 공학도 출신의 장단점 등……. 그리고 에릭 슈미트는 구글 CEO로 낙찰됐다.

야후의 검색엔진 제패가 확실시되던 이 시기, 에릭 슈미트는 순식간에 큰 시험대에 오른 것이다. 명석하지만 아직 사업에는 서툰 젊은 창업주들이 그를 지켜보고 있었다. 에릭 슈미트는 급한 마음에 지인을 찾아갔다. 그런데 지인의 조언은 매우 실망스러웠다. 조언해줄 코치를 두라는 것뿐이었으니 말이다.

코치는 선수가 아니다. 심지어 코치는 막상 선수로 경기장에 섰을 때 그 선수만큼 잘 뛰지도 못한다. 코치의 역할은 선수를 대신하는 게 아니라 선수를 유심히 지켜보면서 객관적으로 문제를 설명하고 접근법을 함께 모색하는 사람이다. 이 차이를 깨달은 에릭 슈미트는 코치를 구했다.(후에 알려졌지만 에릭 슈미트의 코치는 스티브 잡스의 조언자이기도 했다.)

오늘날의 구글을 만든 건 코치의 힘이다. 청년 창업자들은 사업체로 경영해줄 전문 CEO가 필요했고, 또 그에겐 이 상황을 조율해줄 코치가 필요했다. 에릭 슈미트는 이렇게 말한다.

"세상에는 두 종류의 위대한 사람이 있다. 하나는 직접 위대한 일을 하는 사람이고, 또 하나는 다른 사람이 위대한 일을 하도록 도와주는 사람이다."■

045

메디치 경영

|

메디치 가문(이탈리아)
Medici family

|

스스로를 사회생태학자로 자청했던 현대 경영학의 아버지 피터 드러커는 "이제 CEO는 부하 직원들을 책임지는 보스가 아니라 지식의 적용과 성과에 책임지는 사람"이라고 했다. 공부하는 CEO가 늘어나고 학자 출신의 최고경영자가 환영받는 세계적 추세는 이와 무관하지 않다.

특히 동서고금, 분야와 분야를 총망라한 메디치 경영 방식은 새로운 지식 자원으로 각광받고 있다. 메디치 경영은 경영 컨설턴트 프란스 요한슨이 이탈리아의 르네상스 시대를 이끈 메디치 Medici 가문을 연구하며 경제 개념화한 메디치 효과의 다른 말이다.

메디치 효과는 서로 다른 수많은 생각이 한 곳에서 만나는 교차

점에서 혁신적인 아이디어가 폭발적으로 증가하는 현상이다. 한 분야에 몰두해 깊이 파고드는 것보다 다른 분야의 것들과 활발히 교류하고 연구하는 가운데 그토록 원하는 혁신적 창조가 이뤄진다는 것이다.

세계 최초의 박물관으로 르네상스의 화려한 시대를 그대로 보존한 우피치 박물관은 메디치 가문의 보물 창고에서 시작됐다. 메디치 가문의 큰 자랑은 독특한 형태의 도서관이다. 미켈란젤로가 설계한 메디치 도서관은 '지혜와 빛의 세계로 가는 메디치 가문'이란 표상처럼 건물에서부터 자연과 건축 그리고 미학이 접목된 아름다움이 있다.

당시 메디치 가문은 그리스와 이집트, 이슬람 제국은 물론이고 멀리 동방과 아프리카에까지 사람을 보내 고대 문헌을 수집하고 연구해왔다. 진귀한 물건은 값을 묻지 않고 샀고 각종 분야의 학자와 예술가들을 전폭적으로 지원했다. 메디치 가문의 위대함은 수집 그리고 이를 활용하는 데에 있다.

단적인 예로 메디치 도서관은 서재와 책상이 따로 있는 게 아니라 책상 안쪽 보관함에 모든 자료와 문헌을 넣어뒀다는 것이다. 앉아서 책을 보다가 생각나거나 더 필요한 자료는 바로 그 자리에서 찾아 꺼내볼 수 있었다. 이 도서관은 메디치 가문의 자녀들을 교육하기 위한 곳이었지만, 시민들에게도 활짝 열려 있었다. 책이 귀하던 때에 피렌체 사람들은 메디치 가문에서 제공하는 책을 보고 공부를 했으며 이것이 곧 중세 르네상스 시대의 토대가 됐다.

융합이 그 과정에 중점을 두고 있다면 메디치 방식은 융합된 지식이 어떤 시너지를 내는지 그 효과를 더 강조하고 있다. 아직 이를 극대화하기 위한 방법을 다각화하는 단계이기는 하지만 사회 경제적 진화에 있어 괄목할 만한 현상이다. 르네상스 시대도 그렇게 열렸다. 무엇을 찾아가고, 무엇을 위한 것인지 잘 알 수 없는 불확실성 속에서 활짝 꽃이 피었다. ■

046

이미지

데이비드 오길비(오길비앤매더)
David Ogilvy

현대 도시의 대명사 뉴욕에도 걸인은 있다. 어느 화창한 봄날, 'I'm blind. please help me'라는 팻말을 목에 건 시각장애인이 동정을 구하고 있었다. 무심히 그 앞을 지나는 사람들 가운데 누군가 멈춰 섰다. 걸음을 멈춘 신사는 시각장애인이 목에 건 팻말을 고쳐 쓰기 시작했다.

'It's a beautiful day and I can't see.'

크리에이티브의 제왕, 데이비드 오길비 David Ogilvy가 걸인에게 줄 수 있는 가장 큰 선물이었다.

세계적 광고회사 오길비앤매더 설립자인 그는 브랜드 이미지 전략 창시자다. 오길비가 광고 시장에 나오기 전까지 광고는 그저 상품에 대한 짧은 설명서였다. 산업혁명이 본격화되면서 생산물품의 수와 종류는 계속 늘어났지만 광고는 제자리였다. 그동안에 오길비는 주방스토브 외판원으로 집집을 찾아다녔으며, 여론조사기관 갤럽에 취업해서는 전화를 통해 미국 전역의 거실을 방문했다. 일찌감치 광고인이 되고 싶었지만 농장에서 농사를 지으며 또 3년을 보냈다. 마흔이 다 되어서야 오길비는 광고 회사를 차리고 처음으로 광고 문구를 썼다. 그는 상품 구매를 좌우하는 건 브랜드 이미지라는 걸 알고 있었다.

이미지는 곧 인상이다. 보석이나 패션 명품에서부터 담배, 술, 크래커 같은 사소한 물건들까지 소비자들은 그 모든 정보를 취합해서 고를 수 없다. 갖은 설명의 광고들은 목청만 클 뿐 차별성이 없었다. 그래서 오길비는 브랜드에 이미지를 입히는 전략을 세웠다. 제품을 설명하지 않고 시적인 카피나 영화 포스터 같은 사진 한 장만으로 브랜드 광고를 만들어낸 것이다. 시장에 뛰어든 지 불과 2년 만에 그는 광고 시장을 휩쓸었다.

오길비는 브랜드 이미지 전략 창시자이지만 그가 주의 깊게 살핀 건 사실적 정보 그 자체였다. 적확한 정보를 많이 갖고 있어야 폐부를 찌르는 이미지를 만들어낼 수 있기 때문이다. 그와 저녁 식사를 했던 한 여성은 정보를 캐내려는 오길비의 집요함에 질려버렸다. 처음 만났는데도 후식을 먹을 때쯤에는 그녀에 대해 모르는 게 없을 정도였다고 했다.

오길비의 관점에서 보자면 이미지는 눈속임이나 과장이 아니다. 사실을 응축한 단 한 방울, 그것이 바로 이미지다. 외판원에서 전화조사원, 기관의 정보분석가와 농장 일꾼……. 광고회사의 높은 문턱을 넘지 못했던 그는 이리저리 헤매었다. 하지만 그 모든 삶의 경험은 현대광고의 아버지라는 한 방울을 만들어냈다. ∎

047

약속

라탄 **타타**(타타그룹)
Ratan Tata

인도의 경제 수도 뭄바이의 해안가 초고층 빌딩 숲 끄트머리에 오래된 석조 건물이 있다. 묵직한 돌계단을 밟아 안으로 들어가면 소박한 화분들 뒤로 안내데스크가 덩그러니 놓여있다. 창업자를 기리는 흉상이 없다면 여기가 140년 전통의 인도 최대 그룹인 타타라는 사실을 알기 어려울 것이다. 승려 가문 출신의 기업답게 타타그룹 본사는 소박하다. '약속을 지키는 기업'으로 인도의 미래가 되겠다는 타타그룹 이념은 그룹 수익 3분의 2를 자선단체에 기부하는 데 쓰일 정도로 성실히 지켜지고 있다.

면직 공장에서 시작해 인도 최초로 대규모 제철소를 건립하고 항공에서 자동차 산업에 이르기까지 타타그룹은 인도 경제의 자존심 그 자체다. 격변의 긴 시간 동안 많은 도전과 유혹 속에서도 이들은 '약속'으로 살아남았다. 4대 회장을 지낸 라탄 타타 Ratan Tata 회장은 퇴임하며 가족 승계 원칙을 깨고 그룹의 젊은 이사를 후계자로 지목했다. 타타그룹의 경쟁력 있는 미래를 위한 결단이었다.

라탄 타타 회장은 그런 사람이다. 인도를 위해 타타그룹이 존재해야 한다고 믿어왔고 그것을 반드시 이뤄내는 실행자다. 몹시도 비가 오는 날, 타타 회장은 일가족이 올라탄 스쿠터가 빗길에 미끄러져 사고 난 것을 목격했다. 진흙바닥을 구르는 그 가족들은 인도 국민의 현주소였다. 그리고 타타 회장은 10만 루피(약 240만 원)의 자동차를 만들겠다고 약속했다. '신뢰 경영'의 타타그룹임에도 사람들은 그의 말을 쉽게 믿을 수 없었다. 스쿠터 두 대를 합쳐 지붕만 달아도 10만 루피는 나간다는 현실적 셈 때문이었다.

저렴하고 좋은 차를 만들기 위해 연구에 연구가 계속됐다. 그 5년 동안에 원자잿값은 계속 올랐다. 2008년 라탄 타타 회장은 이제 막 개발한 자동차 '나노'를 세상에 공개했다. 차 소개와 설명, 연구 개발 과정 브리핑을 마친 뒤 마침내 모두가 기다리던 가격 공개 시간이 왔다. 라탄 타타 회장이 입을 열었다.

"그동안 철판이나 타이어를 비롯한 자재비가 많이 올랐습니다. 그래서 이 자동차의 값은……10만 루피입니다. 약속은 약속이니까요." ▪

048

빅데이터

짐 굿나이트(새쓰)
Jim Goodnight

Information이 우리말 '정보'로 등록된 건 1960년대 이후다. 1990년대에 개인 컴퓨터 보급과 함께 컴퓨터로 정보를 분석하는 전문 직종들이 생겨났다. 그리고 채 십 년도 되지 않아 쏟아지는 정보가 주는 피로감은 정보의 홍수시대라는 저널리즘 용어를 낳았다. 필요에 비해 넘치도록 많은 양은 처치 곤란으로 인식됐다. 정반대로 이는 넘쳐나는 것을 도통 활용하지 못한다는 반증이다.

하지만 먹을 수 없는 검은 물, 석유가 그러했듯이 컴퓨터로 집산되는 정보는 이제 '원유'다. 정보시대를 거스를 수 없다면 받아들이고 잘 살아내야 한다. 어마어마하게 많은 데이터를 뜻하는 빅데이터(Big Data)는 정보화 시대의 필수 동력이다. 빅데이터는 정형화된 정보가 아니다. 빅데이터는 특정 정보에 따른 각기 다른 기준의 수천, 수만 가지의 해석이 가능하다. 또한 그 정보가 누구에 의해 무슨 목적으로 사용되고 있는지를 분석하고 사회적 현상으로 설명해낸다.

빅데이터 시대를 주도한 기업은 단연코 미국의 IT 기업 새쓰다. 비즈니스에 관련된 데이터를 분석하는 소프트웨어를 개발하는 새쓰는 1976년 창립 이래 독보적 1위를 고수하고 있다. 〈포춘〉 선정 세계 상위 100대 기업의 90% 이상이 새쓰의 소프트웨어를 사용한다.

새쓰가 한 번도 선두자리를 빼앗기지 않고 달릴 수 있었던 비결은 창립자 짐 굿나이트 Jim Goodnight 회장의 '빅데이터' 같은 경영 방식 때문이다. 굿나이트 회장은 "기업들이 경영난에 빠지는 것은 고객의 요구를 제대로 예측하지 못한 경영진의 잘못이 크다"고 말함으로써 그의 말을 자신의 회사에도 똑같이 적용한다. 그래서 새쓰는 소프트웨어를 판매하지 않고 1년마다 사용기간을 연장하는 임대 형식을 고집한다. 고객들이 떠날지언정 1년에 한 번씩은 매서운 평가를 받고 발전해갈 수 있기 때문이다. 그런데도 고객들의 계약기간 연장 비율은 95%가 넘는다.

빅데이터에는 쓸모없이 버리는 정보가 없다. 그것이 어느 분야의 어떤 형태라도 빅데이터 안에서 유기적 관계를 맺고 있으므로 하나하나가 소중한 자산이다. 굿나이트 회장에게 최고의 자산은 직원이다. "경영자들은 회사의 자원이 무사히 퇴근하고 다음 날

다시 잘 돌아오도록 할 책임이 있다"고 말한다.

새쓰는 '직장인들의 유토피아'로 불릴 만큼 훌륭한 복리 후생으로 정평이 나 있다. 구글이 벤치마킹한 것도 바로 새쓰였다. 캠퍼스로 불리는 37만 평의 본사에는 사무용 빌딩과 보육시설, 병원, 세탁소와 미용실까지 갖춰져 있다. 업종과 관계없이 전 직원을 정규직으로 고용하는 새쓰는 직원 모두가 개인 사무실을 갖고 있다. 출퇴근 시간도 각자 정한다. 회사에 대한 자체 평가 조사가 빠질 리 없다. 굿나이트 회장은 매년 설문조사를 통해 개선점을 묻고, 결과에 따라 우선순위를 매겨 개선한다.

빅데이터의 핵심은 분석을 통한 예측이다. 그래서 굿나이트 회장의 경영 리더십은 빅데이터 사용 목적과 흡사하다.

"직원들이 회사에 변화를 가져올 것처럼 대하라. 그러면 그들은 진짜로 변화를 일으킨다."

세상의 정보를, 직원들의 마음을 쥔 굿나이트 회장의 새쓰는 무풍지대다. ■

049

공유경제

트레비스 칼라닉(우버)
Travis Kalanick

사회심리학자 에리히 프롬은 삶의 양식에 따라 인간은 존재 유형과 소유 유형으로 나뉜다고 했다. 소비하는 인간 '호모 콘수무스'는 경제 활성화 측면에서 여전히 환영받지만 이에 따른 개인의 피로감과 지구 자원 및 환경 문제에 대한 고민도 커져가고 있다. 여기에 2008년 미국발 금융위기는 '소비가 과연 지속가능한 사회를 만들어주는가'라는 의문을 증폭시켰다.

협력소비를 주축으로 '덜 쓰고 덜 소비하자'는 공유경제가 하버드대학교 로런스 레식 교수에 의해 정립된 것도 이때다. 공유경제의 핵심은 소비나 구매가 아닌 사용이다. 필요한 때에, 필요한 만큼을, 다른 사람들과 함께 사용하는 것이다. 그저 착해 빠진 비주류 경제논리라고 치부하기에는 공유경제를 표방한 기업들의 상승세가 놀랍다. 2012년 세계 공유경제 규모는 550조 원으로 추산됐으며 굴지의 투자 펀드들도 공유경제 기업을 찾아 문 두드리고 있다.

그 출발과 개념은 다소 거창할지라도 공유경제는 공공서비스와 같이 이미 우리 곁에 와 있다. 트레비스 칼라닉 Travis Kalanick이 설립한 회사인 우버의 눈부신 성장을 보면 공유경제라는 개념적 가치가 어떻게 이윤을 만들어내는지 알 수 있다.

우버는 차량 모바일 예약 서비스 업체로 IT 기술과 앱을 이용해 운전자와 차량 이용자를 연결하는 주문형 개인 기사 서비스를 제공한다. 앱으로 차량을 부르는 방식은 콜택시와 비슷하고 서비스 측면에선 모범택시에 견주지만, 공유경제를 적극 내세운 우버에는 남다른 무언가가 있다. 우버는 일부 부유층에서만 가질 수 있는 '개인 운전기사'를 서비스 시스템으로 만들어 운영한다. 차량을 부르는 작은 수고로움만 제한다면 집에 도착하기까지 '나만의 운전기사'를 둔 것 같은 서비스를 누릴 수 있다. 운전자에 대한 정보와 이전 이용 고객들의 평가까지도 우버의 앱을 통해 알 수 있다.

기존 콜택시 사업이 편의와 안전을 내세웠다면 우버는 소비 프레임을 확 바꿔 개인 운전기사를 공유한다는 점을 강조했다. 고급 승용차를 가진 개인 역시 우버의 일원이 돼 승객들과의 드라이빙을 한다. 우버의 운전사들은 택시 기사들보다 평균 50~75%나 많은 소득을 올리고 있다. 2010년 샌프란시스코 금문교를 오가기 시작한 우버는 이제 세계 35개 주요 도시를 주행 중이다.

"공유경제를 통해 작은 기업이 힘을 얻을 수 있는 것은 물론 고용이 늘고, 사람들의 생활과 삶의 질도 좋아질 것입니다."

트레비스 칼라닉의 확신은 적중했다. 기업 가치 평가액 35억 달러에 달하는 우버는 차세대 아마존으로 기대를 모으고 있다. 트위터의 기업 가치가 98억 달러임을 감안할 때 우버가 창립 4년 만에 거둔 성과는 놀랄 만한 수치다. 구글도 대규모 투자를 통해 우버에 통 큰 베팅을 했다. 향후 요트나 경비행기, 무인택시 사업까지도 준비 중인 우버는 세계 교통시장 체계를 바꿀 무서운 도전자로 떠올랐다.

트레비스 칼라닉이 택시사업을 공유경제 위에 새로 세운 일은 우연이 아니다. UCLA 컴퓨터 공학과 재학 도중 세계 최초의 P2P(Person to Person) 검색 엔진업체를 만들었던 그는 방송국와 영화사의 소송에 휘말리며 2000년 작렬하게 파산한 경험이 있다. 이후 합법적 P2P 검색 업체를 세워 제 손으로 시장을 정비했다. 그 회사를 200억 원대에 매각한 뒤에 지금의 우버를 설립했다.

무엇을 어떻게 공유할 것인가에 대한 트레비스 칼라닉의 고민은 지금도 계속되고 있는 것으로 보인다. 공유에 입각한 그의 사업은 무엇이든 황금으로 바꿔내는 마이더스의 손을 연상케 한다. ∎

050

표정

오릿 가디시(베인앤컴퍼니)
Orit Gadiesh

글로벌 컨설팅 기업 베인앤컴퍼니의 오릿 가디시 Orit Gadiesh 회장은 기업 혁신의 여전사로 전 세계 굴지의 기업에 쓴소리를 마다 않는다. 허를 찌르는 질문과 폐부를 파고드는 아이디어의 오릿 가디시 회장은, 그래서 스티브 잡스와 종종 비교된다. 하지만 세계 비즈니스를 움직이는 여성 CEO인 그녀는 잡스에겐 없던 표정의 전략이 있다.

몇 해 전 국내 유명 홈쇼핑업체 대표가 오릿 가디시 회장에게 조용히 도움을 청했다. 홈쇼핑의 치명적 단점인 높은 반품율에 대한 걱정을 경쟁업체들 모르게 해소하고 싶었다. 업체 대표가 내부에서 고안한 각종 대책 방안을 내놓자 오릿 가디시 회장은 말했다.

"그럼 반품하기 어려운 상품을 파세요."

너무도 간단명료해서 듣는 이 입장에선 자칫 마음 상할 수 있는 조언이었다. 하지만 이 말을 하는 그녀의 천진난만한 얼굴은 의도를 곡해할 여지를 주지 않았다. 순수한 진심을 전하는 표정이었다. 그녀가 다녀간 뒤 우리나라 홈쇼핑에 처음으로 금융상품이 등장했다.

비즈니스 세계에서 여성 CEO로, 더욱이 자부심으로 똘똘 뭉친 전 세계 기업가들을 대상으로 단호한 조언을 하는 건 매우 어려운 일이다. 그러나 오릿 가디시는 명석한 생각에 적절한 표정을 입혀 때마다 승부를 봤다. '여자는 불행을 가져오는 존재'라는 미국 철강업계의 속설을 깨고 과감히 뛰어들어 비효율적 철강주조법을 바꿔버리기도 했다. 4,000여 개 기업을 컨설팅한 베인앤컴퍼니는 미국에서 8년 연속 '일하기 가장 좋은 직장' 1위로 꼽혔다. ■

051

카리스마

알렉스 퍼거슨(맨체스터유나이티드)
Alex Ferguson

카리스마는 사람을 따르게 하는 절대적 힘이다. 누구도 마다치 않을 자질, 탐낼 법한 능력이 분명한데도 카리스마를 가르치거나 학습 받아 습득했다는 사례는 극히 드물다. 그리스어에 기반한 카리스마라는 단어 자체가 '은혜', '신의 선물'을 뜻하듯 그것은 계발되는 자질이 아니라 천성으로 타고난다는 게 학자들의 설명이다. 카리스마는 양날의 검이라서 자칫 오만과 독선의 늪으로 빠지기 십상이다. 그것은 시간에 정비례한다.

27년간 맨체스터유나이티드(이하 맨유)를 지휘했던 노장 감독 알렉스 퍼거슨 Alex Ferguson의 은퇴 경기를 가장 초조하게 지켜본 건 퍼거슨 감독 본인이었다. 잘근잘근 껌을 씹으며 팔짱을 끼다가

간혹 선수들에게 고함을 쳐대는 그 모습은 여느 때와 다르지 않았다. 2부 리그로 강등될 처지에 처한 맨유를 무려 49차례나 우승에 올렸고, 시가총액 35억 달러의 초우량 기업으로 만든 자신의 공 따위는 전혀 생각하지 않은 채 그는 그저 경기에 집중했다. 그동안 구단주는 수차례 바뀌었지만 맨유의 수장은 퍼거슨뿐이었다.

선수들을 통솔하고 구단과 서포터스의 갖은 참견을 잠재우고 팀을 하나로 만들려면 강력한 카리스마가 필요했다. 그의 카리스마는 패배의식이 팽배한 팀을 소생시켰고, 여러 차례 우승컵을 들어 올린 뒤에는 팀이 오만에 젖지 않도록 날을 세웠다. 선수 한 명한 명이 중소기업을 능가하는 가치를 지니고, 철옹성과 같은 열렬한 팬들에게도 퍼거슨 감독은 휘둘리지 않았다. 제아무리 억만장자 스포츠 스타라도 불같이 다그치는 퍼거슨 감독 앞에서는 얼굴 붉히며 고개를 푹 숙일 수밖에 없다. 그래서 그의 별명은 '헤어드라이어'다.

하지만 사람들을 통솔하고 카리스마를 발휘하기 위해서는 그 사람의 속성을 알아야 한다. 퍼거슨 감독은 맨유에 처음 부임하면서 서포터들은 물론 구장 청소 인부들까지 한 명 한 명 만나 이야기를 나눴다. 선수들에 대한 평가를 비롯해 맨유가 추구하는 가치와 문화를 적극 알아가려는 노력이었다. 선수들은 자신의 화장실 습관까지 꿰뚫는 감독의 비판과 질책을 달게 받아들일 수밖에 없었을 것이다. 퍼거슨 감독은 선수들에게 사랑받는 대표적 리더였고, 세계 기업들의 리더십 벤치마킹의 대상이 된 까닭이다. ■

052

백락새마 伯樂賽馬

장루이민(하이얼그룹)
張瑞敏

고대의 말은 탈것 이상이었다. 주인의 발이자 몸이었고, 명마는 장수의 높은 안목과 기개를 상징했다. 광활한 대륙 중국의 고대 전설엔 말을 잘 고르는 신선이 따로 있었을 정도다. 그 신선의 이름 백락(伯樂)은 중국의 역사적 인물들에 의해 수차례 언급됐다. 좋은 말을 골라 썼을 때 덕을 봤다는 백락상마(伯樂相馬)는 인재 등용을 뜻하는 대표적 고사성어다.

기원전부터 기록된 이 고사성어는 중저가 가전 시장을 활짝 열어젖힌 하이얼그룹의 장루이민 張瑞敏 회장에 의해 새로 다듬어지고 있다. 신선에 버금가는 안목을 가질 수 없기에, 실제로 경쟁시켜본다는 백락새마(伯樂賽馬)다.

사회주의 혁명 뒤 중국은 경쟁에 대한 개념이 약했다. 특히 생산 현장의 중국 인민들은 노력 여부에 크게 상관없이 국가에 귀속돼 경제 활동을 제한받았다. 공산당 관료였던 장루이민이 국영 칭다오냉장고공장에 파견됐을 때, 그는 단박에 공장 파산의 이유를 알 수 있었다. 직원들 대부분이 일하는 시늉만 할 뿐, 시간 때우기와 다름없는 모습이었다. 아무 데나 대소변을 보는 일은 다반사였고, 일부 직원들은 공장 부품을 훔쳐가기도 했다. 아무도 일하지 않고 그 누구도 돌보지 않는 이곳에서 제 역할을 하는 건 '칭다오냉장고공장' 간판뿐이었다.

장루이민은 규칙을 만들어 공표하면서 '쓸모를 인정받지 못하면 버려진다'는 채찍을 들었다. 직원들에게 경쟁과 도태의 개념을 가르쳐주기 위해 충격요법을 쓰기도 했다. 그가 공장에 온 지 1년이 지났는데도 불량품에 대한 고객 불만은 계속되고 있었다.

이에 장루이민은 직접 불량 냉장고들을 찾아냈다. 냉장고 한 대가 소형 집 한 채 값이던 때에, 장루이민은 일흔여섯 대의 불량 냉장고를 해머로 때려 부쉈다. 보기에 멀쩡했던 불량 냉장고들이 폐기되는 과정을 본 직원들이 각자 무슨 생각을 했을지는 짐작 가능하다.

공장은 눈에 띄게 달라졌다. 서비스센터 전화벨은 3번 이상 울리기 전에 신속히 응답했고, A/S 기사는 3시간 내에 고객에게 도착했다.

무리 중에 한 마리의 말이 달리면 다른 말들도 따라 뛴다. 그렇게 내달릴수록 속도는 더욱 빨라진다. 장루이민 회장이 만든 칭다

오냉장고공장의 놀라운 변화와 서비스는 중국민들에게도 자극제가 됐다. 중국에서 장루이민 회장을 경영대사로 추앙하는 것도 그런 이유다. 그는 이 공장을 인수해 하이얼로 재탄생시켰고, 컴퓨터를 제외한 백색가전 분야에서 세계 최대 규모로 키워냈다. ■

053

Boundarylessness

잭 웰치(GE)
Jack Welch

제너럴일렉트릭(이하 GE)의 8대 회장 잭 웰치 Jack Welch
는 서른셋에 GE 역사상 가장 젊은 사업담당 총괄 관리자에 올랐
고 부회장을 거쳐 최연소 CEO가 됐다. 그 뒤 20년 동안 130억 달
러이던 GE의 시가총액을 4,000억 달러로 늘리며 기하급수적인
성장을 이끌었다.

'경영의 귀재' 잭 웰치는 GE뿐만 아니라 경제경영학에도 큰 영향
을 준 사람이다. 그가 고안하고 개념화하며 실행한 경영 방법들은
세계 크고 작은 기업들의 모델이 되고 있다. 'Boundarylessness'
벽 없는 조직도 그중 하나다. 바운더리리스란 계층과 부서, 사업을
막론하고 기업 내 존재하는 모든 장벽이 허물어진 상태를 뜻한다.

그가 GE 회장을 맡은 지 10년째 되던 1990년, 잭 웰치는 GE의 더딘 성장의 원인이 무엇인지 골몰했다. 물론 그때도 GE는 충분한 성공을 거둔 거대 공룡이었다. 그만큼 한 발자국 한 발자국 앞으로 내딛는 걸음은 매우 무거웠다. 고민 끝에 그는 부하와 상사, 부서와 부서 간의 보이지 않는 벽이 GE를 꿈쩍 못하게 한다는 사실을 깨달았다. 사원들은 고가를 평가하는 직속 상사 외에 다른 직원들과는 정보를 공유하지 않았고, 고객 응대나 협력사와의 관계에는 앙상한 업무적 절차로만 이뤄져 있었다.

잭 웰치는 바운더리리스를 선언했다. 실제로 건물의 벽을 부수진 않았지만, 그보다 더 명확하게 행동화할 수 있는 제도를 만들었다. 벽 없는 조직을 얼마나 잘 이해하고 수용하는가를 인사 평가 기준으로 삼아 등급을 부여했다. 그리고 비밀스럽게 자기만의 일을 진행하는 직원들을 가장 먼저 해고했다. 여기에 더해 훌륭한 개선안을 내놓은 사람보다 이를 적극적으로 수용한 직원에게 더 큰 보상을 했다. 이는 매우 파격적인 처사였다.

"소통, 소통 또 소통!"

잭 웰치 회장이 퇴임할 때까지 외쳤던 말이다. 실제로 그 역시 대량 해고가 불가피할 때 공장 현장에 상주하다시피 지내며 직원들을 설득했다. 해고통지서를 보낸 게 아니라 해고를 할 수밖에 없는 상황에 대해 적극적으로 설명했다. 비대한 몸통의 GE를 성공적으로 조련시켰던 잭 웰치 회장이 자리에서 물러날 때까지 그의 진정성은 수차례 직원들의 마음을 울렸다. ■

HUMAN RESOURCE DEVELOPMENT

인재 육성의
단어

054

신뢰

구인회(LG그룹)
具仁會

많은 경영인이 토로하는 것처럼 사람을 모으는 건 쉽지만 기업에 딱 맞는 훌륭한 재목으로 키워내는 건 어려운 일이다. 직원들에게 창업주와 같은 사명감으로 일하라는 주문은 과욕이다. 그래서 성과급을 주고, 복지 혜택을 마련하고, 직원 교육에 투자해 승진의 당근을 흔든다. 하지만 조직이 분열하면 이것마저도 힘을 발휘하지 못한다. 직장인들이 스트레스받는 가장 큰 요인도 다름 아닌 사람 문제다.

"기업은 사람이 하는 것이므로 곧 사람이 기업"이라는 LG 창업주 구인회 具仁會 회장의 말은 곱씹어볼 필요가 있다. 그는 사람 간의 화합, 인화를 가장 중요히 여겼다. 인화단결로 기업을 키워낼 수 있을 거라 확신했다. 언뜻 듣기엔 당연하고, 달콤한 말이다. 하지만 '어떻게'라는 방법에 다시금 의문이 생긴다. 그래서 신뢰가 중요하다.

신뢰는 믿음이 아니다. 믿고 의지하는 것이다. 그러나 신뢰는 양쪽의 줄다리기처럼 '신뢰받는 것'과 '신뢰하는 것'으로 나뉜다. 잘 모르는 상대를 믿고 의지하는 것도 어렵고, 확신할 수 없는 대상을 무턱대고 믿고 따를 수 없는 노릇이다. 여기에 구인회 회장은 과감한 신뢰를 강조했다. "책임을 지면 사람은 최선을 다하게 돼 있다. 한번 믿으면 모든 일을 맡기라"는 그의 말에는 '신뢰'에 대한 정의가 압축돼 있다. 사람에 대한 본질적인 믿음과 맡기라며 그 의지하는 태도다.

신뢰는 규범과 같은 구속력은 없지만, 신뢰 관계가 거듭되면 더욱 단단하고 커져서 그 무엇으로도 깰 수 없다. 신뢰받는 대상은 그것만으로도 마음에 묵직한 추를 두게 되고, 기대에 걸맞은 행동을 하기 위해 노력한다. 역으로 신뢰를 보낸 사람은 이를 통해 상대를 예측대로 움직일 수 있게 되는 것이다. 신뢰는 말로 시작해 기대로 키워지며, 행동으로 증명되고, 믿음으로 완성된다. 그래서 신뢰를 보내는 이가 어떤 사람인가도 매우 중요한 판단의 기준이다. 즉, 신뢰할 만한 사람이라는 행동의 자격증을 취득해야 한다.

국내 민간기업 최초로 공개 채용을 단행했던 구인회 회장은 까마득히 어린 직원에게도 '한형', '박형' 하며 존칭을 썼다. 학연과 지연을 철저히 배제해 인재를 발탁하겠다는 구 회장의 의지를 직원들은 장남 구자경이 생산 현장에서 기름밥 먹으며 일하는 것으로 확인했다.

"아무리 돈이 좋아도 사람 죽이는 물건은 만들 수 없다"며 국방부의 병기창 공장 제안을 일언지하에 거절하기도 했다. 훗날 백범 김구 선생의 유족을 통해 구인회 회장이 비밀리에 독립운동을 적극 지원했다는 사실이 알려지기도 했다. 지명수배받던 독립운동가에게 큰 자금을 주는 행위는 재산 몰수뿐만 아니라 목숨의 위험까지도 각오한 일이었다. 하지만 '사람을 향한 사람'이길 원했던 구인회 회장의 실천이었다. 구인회 회장은 스스로 '신뢰'의 주체가 됐다. ■

055

실수

로버트 우드 존슨(존슨앤존슨)
Robert Wood Johnson

이제 갓 회사에 들어온 신입사원은 회사의 활력소다. 구내
식당 가는 길을 헤맬지언정 회사의 미래와 장기적 시장 전망은 줄
줄 읊는다. 몇 개의 부서가 협력하는 프로젝트인지는 선뜻 답하지
못해도 최신 디자인의 프레젠테이션은 척척 해낸다. 수도 없이 되
뇌고 다짐한 '열심히'는 에너지를 주체 못 하고 불쑥불쑥 튀어나
온다. 매듭 풀어진 풍선처럼 요란스레 이리저리 날다가 벽에 부딪
히고는 스르륵 바닥에 내려앉는다.

존슨앤존슨에 들어온 제임스 버크가 처음으로 맡았던 일은 '액
체 아스피린' 사업이었다. 입사 전부터 막연하게나마 생각하던 아
이템이었다. 신입사원 제임스 버크에겐 로맨틱 영화 한 장면처럼

운명으로 느껴졌다. 두 팔 걷어붙이고 죽어가던 아이템을 살려내기 위해 누구보다 열심히 뛰었다. 하지만 결과적으로 액체 아스피린 사업은 대실패 했다.

얼마 뒤 존슨앤존슨 창업자인 로버트 우드 존슨 Robert Wood Johnson 회장이 그를 호출했다. 회장 집무실로 들어가며 제임스 버크는 마음을 가라앉혔다. 해고는 당연한 수순이고 혹시라도 손해배상을 물지는 않을까 하는 염려로 불안했다. 그를 방으로 부른 존슨 회장은 짧게 말했다.

"지금과 같은 실수는 앞으로 절대 하지 마세요. 대신에……다른 종류의 실수는 계속하길 바랍니다."

제임스 버크는 비즈니스 세계에서 실수는 필연이고, 의사결정에 의한 공동의 산물이라는 점을 배웠다. 조용히 회장실 문을 닫고 나온 지 20년 뒤, 그는 이 방의 주인이 됐다. 제임스 버크 회장은 위기 경영 롤모델이자 역사상 가장 위대한 CEO 중 한 명으로 손꼽힌다. 만약 이 신입 직원의 실수를 문책했다면 오늘날의 존슨앤존슨은 없었을 것이다. 로버트 우드 존슨 회장이 물러난 뒤에도 그는 줄곧 회사에 충성하며 위기 상황에서 대안을 만들어냈다.

실수(失手)의 한자를 풀면 손을 잘못 놀리는 것이고, Mistake 어원은 잡은 것을 놓친다는 뜻이다. 실수하는 사람은 적어도 손끝으로 목표치에 닿아봤던 경험이 있다. 실수한 사람에게 너그러움을 베푸는 까닭은 관용의 미덕만이 아니다. 격려이고 다음 성공에의 도약이다. 아직 주머니 속에 손 넣고 있는 많은 이들은 실수한 사람과 그 실수를 처리하는 과정을 눈여겨보고 있다. ■

056

습관

워런 버핏(버크셔해서웨이)
Warren Buffett

매년 여름 세계 언론사는 이베이의 어느 경매 결과에 주목한다. 투자의 귀재 워런 버핏 Warren Buffett과의 점심이 경매에 부쳐지는 때이다. 그와 한 끼 식사를 하는데 최고 39억, 부자들에게 과세 의무를 누차 강조하던 때에는 최저가에 낙찰됐으나 그래도 12억이다. 실패한 적 없는 투자자, 세계 부모들이 가장 키우고 싶은 자녀상 워런 버핏. "사람들은 서서히 부자가 되기보다 당장 다음 주에 복권에 당첨될 가망성에 더 큰 희망을 건다"는 그의 말에는 뼈가 있다. 워런 버핏이 진심으로 권면하는 단어는 바로 '습관'이다.

사전에 습관은 ① 여러 번 되풀이함으로써 저절로 익고 굳어진 행동 ② 치우쳐서 고치기 어렵게 된 성질로 설명돼 있다. 굳어진 행동과 고치기 어렵게 된 성질은 습관의 중요성과 경각심이 묻어나 있다. 워런 버핏의 강연 일부를 옮겨본다.

"종이에 자신이 닮고 싶은 사람의 인격적 특징을 한번 써보십시오. 또 반대로 닮고 싶지 않은 사람의 특징을 써보세요. 그리고 이둘의 차이를 한번 비교해보십시오. 결코 큰 차이가 아닐 겁니다. 거짓말을 하는가 하지 않는가, 자기 마음대로 말을 내뱉는가 한 번 더 생각하고 말하는가, 그의 말투가 남을 무시하는가 배려하는가, 조금 더 신경 써서 일하는가 아니면 게으른가, 잘못을 저질렀을 때 정직한가 혹은 둘러대며 남을 탓하는가……이런 작은 차이가 결국 큰 차이를 만들어냅니다. 이게 바로 인격이고 인격은 말과 행동, 옷차림, 당신이 쓴 글, 심지어는 생김새까지 모든 면에서 드러납니다. 그건 결코 숨길 수도, 위조할 수도 없습니다. 인격은 곧 습관이기 때문입니다."

버핏은 습관을 사슬이라고 정의한다. 고리 하나하나의 무게는 너무 가볍지만 익숙해지는 시간 동안에 엮어 결국엔 끊을 수 없게 되는 것이다.

버핏과 점심을 할 수 있는 사람은 특정의 소수다. 하지만 버핏의 이 조언은 누구나 귀담아 듣고 따를 수 있다. ■

057

동기부여

샘 월튼(월마트)

Samuel Moore Walton

능력은 사용(Being used)하기도 하고 활용(Being utilized)하기도 한다. 엇비슷해 보이지만 둘은 큰 차이가 있다. 사용하는 건 가진 능력 그대로를 투여하는 거지만 활용하는 건 고유의 능력에 의지와 노력을 더해 탄력성을 가진다. 전자가 형식적이고 기계적인 데 반해 후자에는 창의성과 능동성, 효율성을 기대할 수 있다. 그 촉매제 역할을 하는 게 바로 Motivation, 동기부여다. 세계의 많은 CEO는 월급을 주는 것으로는 더 이상 직원들을 만족시킬 수 없다고 입을 모은다.

이제부터 진짜 고민이 시작된다. 과연 무엇을 기준으로, 어떻게 동기부여를 할 것인가? 정답은 없다. 회사의 특성에 따라 천차만별이고, 같은 방식의 동기부여도 업종에 따라 성패가 갈린다.

월마트 창업자 샘 월튼 Samule Moore Walton은 직원들에게 칭찬을 많이 했다. 직원들과 월마트 구호를 우렁차게 외치고, 일의 성과가 좋은 직원들을 높이 추켜세웠다. 그렇다고 해서 업무가 미숙하거나 실수한 사람을 깎아내리지도 않았다. 칭찬받는 사람으로 인해 월마트 전체가 더 나아지고 있다는 인식을 심어주면서, 회사 분위기를 좋게 만들고 직원들 간에 돈독한 우애를 갖게 했다. 광범위한 유통업 분야에 매우 적절한 동기부여 방식이라는 게 전문가들의 분석이다.

반면 빌 게이츠는 비난의 자극제를 자주 사용했다. "내가 들어본 말 중 가장 바보 같은 말이군"은 빌 게이츠의 단골 멘트다. 힘든 프로젝트를 붙들고 있는 직원에게 "나라면 주말에 끝낼 수 있는데"라고 이죽이거나 신입직원에게 "대체 우리가 널 어디서 뽑아온 거지?"라며 고개를 내젓곤 했다. 마이크로소프트에 들어오는 사람들은 대부분 명문대 공학도 출신이다. 자라면서 '수재' 소릴 들어왔고 자기 두뇌의 명석함도 잘 알고 있다. 빌 게이츠는 이런 성향의 직원들로부터 최대한의 능력을 끌어내려면 칭찬이나 격려보다는 비판과 비난으로 자극하는 게 좋다는 걸 알고 있었다. 독설을 내뱉은 뒤엔 한밤중에라도 그 직원에게 이메일을 보내 여전히 그에게 관심 두고 있다는 것을 알렸다.

그리고 실패나 실수가 이미 벌어졌을 때는 담당자를 질책하지 않았다. 막대한 비용 손실 앞에서 문제 해결에 집중할 수 있도록 독려했다. 빌 게이츠는 동기부여를 위해서만 독설을 사용했다. ■

058

보상

존 스텀프(웰스파고)
John Stumpf

프랑스의 한 의대에서 쥐를 대상으로 노력과 보상에 관한 실험을 했다. 우리 출입구에서 사료통 사이에 작은 수영장을 만들어 놓고 한꺼번에 여섯 마리의 쥐를 풀어 행동을 관찰했다. 그중 두 마리의 쥐는 헤엄을 쳐서 먹이를 갖고 왔는데 기다리고 있던 다른 쥐에게 빼앗겼다. 이렇게 힘들이지 않고 먹이를 탈취한 쥐가 두 마리였다. 한 마리의 쥐는 먹이를 가져오지도 않았고 빼앗아 먹는 것도 실패했다. 남은 한 마리만이 저 스스로 가져온 먹이를 혼자 먹는 데 성공했다.

관찰이 끝난 뒤 연구진은 각 쥐의 스트레스 지수를 측정했다. 가장 큰 스트레스를 받은 건 놀랍게도 먹이를 빼앗긴 쥐들이 아니었다. 남이 가져온 먹이를 빼앗아 먹은 쥐들이 제일 큰 스트레스를 받았다. 아무것도 하지 않은 쥐가 그 뒤를 이었고, 먹이를 빼앗겼던 쥐들은 적은 스트레스를 받았다. 그리고 자기 노력으로 먹이를 차지한 쥐의 스트레스가 가장 낮았다.

목표가 생겼다면 결과의 성패와 상관없이 시도를 하는 게 좋다. 스스로 떳떳하기 때문에 긍정적인 자아정체성을 갖게 된다. 가장 좋은 건 자기 노력으로 목표를 달성하고 상응하는 보상을 받는 것이다.

최고 경영자들의 가장 큰 고민 중 하나가 보상이다. '어떤 방식으로 보상해야 직원이 만족감을 느낄 수 있을 것인가.' 여기에 더해 '상을 받지 못하는 다른 직원들을 적당히 자극하고 박탈감을 느끼지 않을 수준은 얼마 만큼인가?'라는 복합적 고민이다.

최근 마이크로소프트가 임직원 평가제도를 폐지한 것도 내부 직원들의 이런 불만에서 비롯됐다. 평가제도가 잘하는 사람을 뽑아 승진이나 연봉 인상의 혜택을 주는 건 분명하지만 직원들은 감시와 압박으로 느낀다는 것이다. 보상의 대상과 기준, 정도가 명확하지 않으면 많은 잡음이 발생한다.

전임 회장 잭 웰치가 물러난 뒤 GE를 맡게 된 제프리 이멜트 회장은 부담이 컸다. 잭 웰치 전 회장이 생산성과 효율성 두 마리 토끼를 잡으며 세운 공이 너무 컸던 탓에 이멜트 회장의 비전은 주목받지 못했다. 신중하고 조용한 성격은 잭 웰치 전 회장과 번번이 비교됐다. 이멜트 회장이 새 CEO의 자리를 확고히 한 건 직원들의 마음을 잡으면서부터다.

"보상의 목표는 인재가 조직에 남아 일할 수 있게 하는 것이다"라는 이멜트 회장은 직원들에게 보상을 아끼지 않았다. 자신의 연봉은 취임 이후 계속 동결하고, 주가가 떨어지자 이사회를 설득해 보너스나 성과급 일체를 받지 않았다. 그러나 "훌륭한 직원들에겐 머리(Head), 가슴(Heart), 지갑(Wallet)에 함께 보상해야 한다"며 그 중요성을 잊지 않았다. 연봉을 올려주고 학습 기회를 제공해 능력을 더 키울 기회를 줬다.

물론 보상이 반드시 금전적이어야만 하는 건 아니다. 투자의 귀재 워렌 버핏 회장이 "통째로 사고 싶다"며 칭찬하는 미국 금융 회사인 웰스파고의 직원들은 매년 존 스텀프 John Stumpf 회장으로부터 감사 편지를 받는다. 천편일률적 내용으로 비서실에서 대신 쓴 편지가 아니다. 편지 안에는 각 직원이 한 해 동안 회사에 기여한 구체적 내용이 적혀 있다. 직원들은 이를 통해 자신이 회사에서 매우 중요한 존재라는 걸 느낀다.

마음을 어루만져주는 CEO를 둔 웰스파고 은행은 서브프라임 모기지 사태에도 끄떡없이 미국 은행 중 시가 총액 1위로 발돋움했다. ■

059

경청

제프 킨들러(화이자)
Jeff Kindler

'말은 지식에서 나오지만 듣는 건 지혜에서 나온다', '말을 배우는 데는 2년이 걸리지만 침묵을 배우는 데는 20년이 걸린다', '기회는 경청하는 사람에게 찾아온다.'

가만히 귀 기울여 듣는 것일 뿐인데도 경청은 강조되는 미덕이다. 그건 곧 가만히 귀 기울여 듣기가 어렵다는 뜻일 게다. 실제로 사람은 1분 동안 평균 150~250개 단어를 말할 수 있다. 그러나 그 1분 동안에 뇌는 400~800개 단어를 처리하는 능력을 갖고 있다. 들으면서 딴짓을 하는 자연적인 뇌의 반응이다. 그래서 상대의 말을 흐트러짐 없이 주의 깊게 듣는 훈련이 필요하다.

세계적 제약회사 화이자의 제프 킨들러 *Jeff Kindler* 회장은 매일 매일 경청을 목표로 삼는다. 아침에 동전 10개를 왼쪽 주머니에 넣고 출근한다. 회의를 하고 직원들과 개별 면담을 하거나 전화 통화를 한다. 그리고 상대의 말을 충분히 경청했다고 생각하면 왼쪽 주머니의 동전을 오른쪽 주머니로 옮긴다. 킨들러 회장의 성실한 하루는 오른쪽 주머니에 몇 개의 동전이 들어있는가로 판가름난다. 왼쪽 주머니에 있던 동전 10개가 모두 오른쪽 주머니로 옮겨진 날에는 10점 만점으로 성공한 날이다.

미래학자 톰 피터스는 "20세기가 말하는 자의 시대였다면, 21세기는 경청하는 리더의 시대가 될 것이다"라고 했다. 가만히 듣기만 하는 리더가 어떤 일을 할 수 있는 걸까?

여기에는 '듣는 것'과 '경청'의 차이가 있다. 상대의 말을 깊이 헤아리며 경청하다 보면 질문이 생긴다. 경청한 자가 건네는 질문은 열심히 말하는 이의 잠재력을 자극한다. 본인도 몰랐던 오류를 깨닫는다. 또 경청에는 끄덕인 만큼의 행동이 뒤따른다. 발표자의 의견에 충분히 동의하고도 정작 실천하지 않는다면 그건 경청이 아니라 듣는 척할 뿐이다. 말하는 사람도 이를 잘 알기 때문에 이런 일이 반복되면 더 이상 힘들여 말하지 않는다. 같은 시간 동안에 말할 수 있는 단어에 비해 뇌가 처리할 수 있는 단어의 양이 훨씬 많은 까닭은, 찬찬히 들으면서 말하는 사람의 입장으로 들어가라는 신의 뜻이 아닐까. ■

060

일

앨런 조지 래플리(P&G)
Alan George Lafley

"**사자가** 사냥하는 모습을 보고 싶으면 동물원이 아니라 정글로 가야 한다."

세계 최대 생활용품전문업체 P&G CEO로 부름 받은 앨런 조지 래플리 Alan George Lafley는 직원들에게 강력한 주문을 했다. 고객이 왕이라면 고객들과 똑같이 삶을 살고, 일해야 한다는 것이었다. 이 당연한 말을 하기 위해 래플리 회장은 사자와 정글까지 인용했다. 물론 영업사원으로 시작해 23년 만에 CEO가 된 그는 누구도 부정할 수 없을 정도로 성공한 샐러리맨이다. 그러나 경청과 겸손의 리더십을 선보였던 그가 CEO 자리에 오르며 주먹을 불끈 쥔 건 의욕과다나 넘치는 자신감 때문이 아니었다. 차마 그럴 형편이 되지 않았다.

2000년 당시 P&G는 1만 5,000명이 대량해고 됐고, 남은 이들은 반토막 난 주가와 함께 끝없이 곤두박질치고 있었다. 전임 회장은 P&G 180년 역사를 통틀어 최단 기간 재임하고 불명예 퇴진했지만 그 여파는 상상을 초월했다. 적대적 인수합병만이 살 길이라며 마구잡이로 기업을 사들였고, 반대하는 직원들에겐 해고 통지를 날렸다. 인재사관학교, 차세대 CEO 양성소로 불리며 걸출한 인재들을 배출했던 P&G는 얼어붙었다.

이런 가운데 래플리 회장은 직원들에게 '일'을 하도록 주문했다. 전임 회장이 독점했던 '일'을 다시 직원들에게 돌려준 것이다. 그가 낸 첫 번째 과제는 'P&G는 누구이며 누구여야 하는가'의 답을 찾는 것이었다. 회사의 정체성과 목표를 직원들 스스로 고민하도록 했다. 그리고 나서 직원들 각자가 자기 위치에서 무엇을 해야 하는지 질문하고 답하는 시간을 가졌다. 각자가 세운 혁신 과제를 실행할 수 있도록 적극 지원하고 독려했다.

가장 효과적인 교육은 일 그 자체이기 때문에, '일하며 배운다'는 P&G의 인재 육성 프로그램은 이렇게 다시 가동됐다. 래플리가 CEO로 재직하는 동안 P&G는 핵심 사업에 집중하며 개도국 시장 개척에 성공했고, 10억 달러가 넘는 브랜드도 10개에서 22개로 증가했다.

사실 P&G는 창업 이래 직원들의 복리후생과 이윤 분배에 후했다. 이미 1887년 이익 배분 제도를 만들어 직원들과 성공의 열매를 고루 나눴다. 남녀 모두 1년간 육아휴직이 보장되고, 회사 일로

집을 비울 때는 탁아비 등을 지원한다. 스트레스를 받는 직원을 위해 회당 십여 만 원의 전문기관 상담 비용도 회사에서 대신 내주는 직원조력프로그램(EAP)도 있다. P&G 사내 대학은 다른 기업들의 직원 교육 프로그램에 훌륭한 모델이 돼왔다.

이런 점에서 2000년 P&G의 위기는 인재 양성에 있어 중요한 점이 무엇인가를 시사한다. 뛰어난 복지 혜택, 섬세한 배려와 교육 프로그램 등은 직원들이 주인의식을 갖기에 충분하다. 하지만 주인 의식이 아닌 진정한 주인이라면 권한과 역할을 갖고 일할 수 있어야 한다. 래플리 회장은 이 지점을 간파했다. P&G가 위기를 벗어나는 동안 그가 한 결정적 역할은 '우리는 무엇을 위해 일하는가'라는 질문을 던진 것이다.

굳이 심리학 연구 사례를 들지 않더라도 일이 사람에게 활력을 주는 건 자명한 사실이다. 해고나 퇴직 뒤에 찾아오는 우울감은 단지 경제적 염려 때문만이 아니다. 복권에 당첨되고도 가장 행복한 사람들은 여전히 자기 일을 하는 이들이었다. 일이란 곧 자기 증명이기 때문이다. ▪

061

유머

허브 켈러허(사우스웨스트항공)
Herb Kelleher

사우스웨스트항공의 비행기에 탑승하는 일은 개그 쇼 티켓을 구매하는 것과 같다. 연착하는 비행기를 기다리는 승객들 앞에 기타를 둘러맨 직원들이 나와 노래를 하고 율동을 가르쳐주며 지루함을 쫓아낸다. 탑승구가 열리고 비행기에 탄 승객들은 승무원 한 명 없이 텅 빈 실내를 둘러보며 어리둥절할지도 모른다. 잠시 후 곳곳에 숨어 있던 승무원들이 깜짝쇼를 하며 등장한다. 기내 방송은 쇼의 시작을 알리는 중요한 오프닝이다.

"기내에서는 금연입니다. 흡연하실 분은 문을 열고 밖으로 나가 날개 위에서 맘껏 피우세요. 오늘 흡연하면서 감상할 영화는 '바람과 함께 사라지다'입니다."

직원들 저마다가 최고경영자 허브 켈러허 Herb Kelleher 회장의 유머를 쏙 빼닮았다. 1966년 켈러허는 한 대의 비행기를 가지고 저가 항공시장을 개척했다. 이후 정식으로 회장에 취임하자마자 그는 인사부를 찾아가 유머 감각이 있는 사람을 채용하라는 특별 지시를 내렸다.

"웃는 직원이 1%씩 늘 때마다 기업은 1%씩 강해진다"고 믿는 켈러허 회장의 사내 명칭은 대장이다. 신입사원들은 오리엔테이션에서 회장이 직접 랩을 하며 만든 뮤직비디오를 본다.

"내 이름은 허브, 대장 아저씨. 모두 알겠지만 나는 이 쇼의 대장! 그렇지만 여러분이 도와주지 않으면 지상에서도, 하늘에서도 우리의 사랑은 없죠!"

랩송에 맞춰 신입사원들이 켈러허 회장을 '대장'이라고 부르는 이 순간이 강력한 유머 바이러스에 감염되는 때이다.

켈러허 회장은 직원을 무척이나 아낀다. '고객은 왕이 아니다', '고객보다 직원이 우선!'이라고 과감히 주장한다. 저희끼리 마냥 즐거운 사람들이 모인 이 회사는 창립 이래 줄곧 흑자를 내는 놀라운 실적을 보인다. 한 대였던 비행기는 이제 500여 대가 됐다. 저가항공사들이 범람하는 가운데 고객들이 꾸준히 사우스웨스트 항공을 찾는 이유는 이런 분위기를 즐기기 때문이다.

켈러허 회장은 직원들이 즐거워야 고객들에게 최상의 서비스를 제공할 수 있다는 사실을 알고 있었다. 9·11 테러 사건 여파로 항공사들이 저마다 인원 감축에 나섰지만 켈러허 회장은 직원들의 얼굴에 수심이 드리우는 걸 원치 않았다. 손실분을 직접 메웠고

단 한 명의 직원도 자르지 않았다.

창립 23주년 되던 해 〈USA투데이〉에는 특별한 광고가 전면에 실렸다.

'우리의 이름을 모두 기억해주고, 이윤이 남는 항공회사로 키워주고, 노래를 불러주고, 보스가 아니라 친구가 되어준 것에 진심으로 감사드립니다.'

1만 6,000명의 직원이 갹출해 허브 켈러허 회장에게 헌사한 광고였다.

사우스웨스트항공을 보면 유머가 가진 독보적 장점들을 세어보게 된다. 직원 개개인의 삶, 조직, 그리고 고객까지 유머 바이러스는 치명적이다. 이는 켈러허 회장의 성향이기도 하지만 날카로운 경영 전략이기도 했다. 유머를 본격 도입한 시점은 그가 개척한 저가항공 시장에 경쟁업체들이 들어온 1978년이었다. 켈러허 회장은 한 강연에서 의미심장한 말을 남겼다.

"유형의 경쟁력은 금방 모방할 수 있지만 무형의 기업 문화는 모방이 불가능합니다. 돈만 있으면 보잉 747은 누구나 살 수 있지만 유머와 같은 문화는 살 수 없습니다."■

062

포용

윌리엄 맥나이트(3M)
William L. McKnigh

다양한 제품, 다양한 고객, 다양한 시장을 트레이드마크로 3M은 6만여 종 제품의 생산자다. 포스트잇으로 유명하지만 문구나 생활용품만을 다루는 그저 그런 기업이 아니다. 닐 암스트롱이 달에 착륙할 때 신었던 특수 소재의 흰색 부츠, 육상스타 마이클 존슨과 시상대에 올랐던 황금 운동화는 3M의 첨단 기술이다. 어느 유명 IT 기업가는 "3M이 가장 두렵다. 그들이 무엇을 만들어낼지 그들조차도 모르기 때문이다"라며 3M의 놀라운 기술을 경계하기도 했다. 3M은 애플, 구글에 이어 세계에서 가장 혁신적인 기업으로 꼽힌다. 최근 5년간 개발한 제품이 전체 매출에서 차지하는 비율, 신제품 활력지수(NPVI)는 31%에 달한다.

3M의 포스트잇이 실패한 접착제에서 아이디어를 얻어 만들어졌다는 사실은 너무 유명해 다시 말하기도 민망할 정도다. 하지만 개인 발명가가 아닌 엄연한 기업에서 실패한 제품을 혁신적 제품으로 재탄생시킨 건 크게 놀랄 만한 일이다. 강력접착제를 만들려던 연구원이 실수로 만든 이 엉성한 접착제를 회사에 감추고 보고하지 않았더라면, "성경책에 잠깐씩 붙여 표시해둘 만한 게 있으면 좋겠다"는 작은 바람을 개발자가 얘기하지 않았더라면, 회사의 재정이 악화된 상황에서 CEO가 "대신에 내 개인 자금을 내어줄 테니 실험해보라"고 하지 않았더라면 획기적 상품 포스트잇은 탄생하지 못했을 것이다.

사원의 창의를 바탕으로 한 기술 개발 뒤에는 '그래도 괜찮아'라는, 3M 특유의 기업 문화가 있다. 이를 만든 사람은 윌리엄 맥나이트 William L. McKnigh 회장이다. 1907년 입사해 1929년 사장, 1949년 CEO에 오르며 반평생을 3M과 보낸 그는 혁신과 포용의 입지전적인 인물이다.

3M에는 10% 원칙, 30% 원칙, 15%의 원칙이 있다. 최근 1년 사이에 만든 신제품이 전체 매출의 10%가 되도록 하는 게 첫 번째 원칙이고, 총 매출 30%는 최근 4년 안에 출시한 제품이 올려야 한다. 좋은 제품을 끊임없이 개발하고 시장에서 성공해야만 하는 것이다.

독특한 점은 15% 원칙이다. 직원들은 근무 시간의 15%를 맡은 업무 외에 자기 관심사를 연구하고 개발하는 데 써야 한다. 개인 자율 시간이나 마찬가지인데 회사는 아무리 바쁜 업무 상황이라도 등 떠밀어 이 시간을 보내도록 한다. 직원 개인이 재미있어하는 일을 하면서 좋은 아이디어가 나오고 업무 효율성이 더 높아지기 때문이다. 이 중에는 상사가 반대하는 프로젝트들도 있다. 그러나 3M 100년의 역사는 상사 몰래 진행하는 일에 '부트레깅'이란 프로젝트 암호명을 붙여뒀다. Bootlegging은 미국에서 금주법을 시행하던 시기에 밀주를 장화에 숨겨 넣고 다니던 것을 말한다. 그러니 상사들은 적당히 눈 감아줄 수밖에 없다.

"많은 실수가 발생할 것이다. 그러나 그가 행한 실수는 장기적으로 볼 때, 경영진이 모든 권한을 장악해서 이렇게 해라 저렇게 해라 강요해서 발생하는 실수보다 미미한 수준일 것이다."

마치 취임 첫해에 쓴 것만 같은 이 글은, 사실 그가 3M의 사령탑에 오른 지 20년 되는 해에 남긴 것이다.

많은 최고경영자가 혁신을 좋아한다. 묵은 습관과 조직, 방법을 완전히 새롭게 만들어가며 기업의 수명을 연장할 수 있기 때문이다. 그러나 혁신이 우렁차게 울며 태어난 신생아라면 포용은 건강한 산모다. 자신이 뽑은 직원들을 격려하고 그 실수마저도 끌어안는 너그러움이 바로 포용이다. ■

063

Help me

윌리엄 그린(액센츄어)
William D. Green

'**서비스는** 카피할 수 있어도 인재는 카피할 수 없다.'

세계적 경영 컨설팅 회사 액센츄어의 윌리엄 그린 William D. Green 회장다운 어록이다. 경영 컨설팅 아웃소싱 기업 액센츄어는 49개국에 18만 명의 직원을 두고 있다. 인재의 중요성을 너무도 잘 알고 있지만 윌리엄 그린 회장은 뛰어난 인재를 찾는데 골몰하지 않는다. 평범한 사람들이 비범한 일을 해내는 게 기업의 능력이고 CEO의 역할이라고 믿기 때문이다. 체계적인 인재 양성 시스템을 갖춘 액센츄어는 매년 직원 교육에만 8억 달러를 투자한다.

액센츄어에서 업무 미숙이나 실력 부족은 질책 대상이 아니다. 하지만 이를 감추고 소극적으로 일하거나 겉도는 건 문제가 된다.

윌리엄 그린 회장은 "도움을 요청할 줄 아는 사람만이 성공할 수 있다"며 약점을 드러내라고 강조한다. 그건 부끄러움이 아니라 자신감이고, 회사와 조직이 이를 감싸고 보완해줄 때에 신뢰로 똘똘 뭉쳐 일할 수 있다는 것이다. 그래서 직원들에게 "Help me!"라고 외치기를 독려한다. 도움을 청한 직원들은 액센츄어만의 교육 기관인 Q센터에 들어간다. Q센터에서는 1대 1 멘토링 시스템으로 직원들을 적극 돌보며 돕는다. 리더십 트레이닝 코스 등 별도의 전문 교육 과정을 운영하며 각 직원의 상황과 필요에 걸맞은 교육 서비스를 제공한다.

예순의 베테랑 CEO지만 윌리엄 그린 회장은 입버릇처럼 스스로 '학생'이라고 칭한다. 배관공의 아들로 태어나 평범한 학생 그리고 보통의 직장인이었던 그를 CEO로 키운 건 일을 가르쳐주는 많은 선배들이었다. 무엇보다 중요한 건 모자란 부분을 드러내고 도움을 청할 수 있는 자세다. ■

064

우정

도널드 그레이엄(워싱턴포스트)
Donald Graham

왼손과 오른손을 맞잡은 모양새 벗 우(友). 오른손과 오른손 이 만나는 건 악수다. '손에 무기가 없다'는 것을 상대에게 알리고 안심시키는 데서 비롯됐다. 하지만 왼손과 오른손이 잡기 위해서 는 나란히 서 있어야 한다. 이는 곧 같은 방향을 바라보고 있다는 뜻이다.

한 곳을 바라보고 나이를 초월하는 건 사랑뿐만이 아닌가 보다. 큰 나이 차이를 사이에 둔 우정은 더 애틋하다. 서로 이해하는 과 정에서 결핍된 것들이 절로 채워진다.

도널드 그레이엄 Donald Graham 전 워싱턴포스트 회장에겐 무려 서른아홉 살 아래의 '절친'이 있다. 페이스북의 CEO 마크 주커버,

그다.

먼저 손을 내민 이는 주커버그 쪽이었다. 사업 경험이 없던 그는 2007년 그레이엄에게 도움을 구하는 이메일을 보냈다. 그레이엄은 솔직담백한 이 청년에게서 오래전 자신의 모습을 떠올렸다. 그역시도 비슷한 과정을 거쳐 워런 버핏과 40년째 우정을 이어가고 있었다. 그레이엄은 주커버그의 요청에 흔쾌히 응했다. 워싱턴포스트로 초청해 중역회의와 투자설명회를 참관하도록 도왔다. 주커버그는 나이 많은 이 친구에게 기꺼이 웹 세상의 안내자가 되어줬다. 이제 그레이엄의 페이스북 친구는 주커버그의 여섯 배나 된다.

'투자의 귀재'와 '컴퓨터 황제'가 우정을 맺으면 어떤 케미스트리가 발휘될까. 1991년에 빌 게이츠는 버핏을 직접 만나기 전까지 그를 '돈에만 관심 있는 영감'이라고 여겼다. 하지만 두 사람은 만나자마자 서로의 힘에 빨려들었다. 팽팽한 핑퐁게임처럼 어떤 주제를 가져와도 둘은 깊은 이야기를 주고받았다. 게이츠가 부자의 사회적 책무에 눈을 뜬 것도 버핏의 영향이었다.

비즈니스 세계에는 회사 간의 우정도 있다. 에릭슨과 소니는 소니에릭슨이란 합작회사를 운영해 휴대전화 시장에서 두 배의 힘을 발휘했다. 스마트폰 시대가 열리면서 업무 효율성을 위해 10여 년간의 동거를 청산했지만 우정은 여전하다. 소니의 간판 임원들이 에릭슨으로 행사 강연을 가기도 하고, 사안에 따라 비공식 채널을 통해 조언을 주고받는다. 에릭슨의 직원 상당수는 소니가 생산한 휴대전화를 사용한다.

저마다 다른 우정이지만 이들 모두의 공통점이 하나 있다. 어려울 때에 외면하지 않고 함께 했다는 사실이다. "진실한 우정이란 느리게 자라나는 나무와 같다"고 조지 워싱턴은 말했다. 작렬하는 태양, 때로는 거센 폭풍우 그리고 엄동설한을 겪으며 조금씩 조금씩 자라난다. ■

065

자립

유일한(유한양행)
柳一韓

독립은 예속된 상태에서 벗어난 것이다. 독립과 함께 쓰이는 단어 자립은 여기서 한 발짝 더 나아가 있다. 그리하여 스스로 선 상태가 된 것이다. 눈물겨운 투쟁으로 독립을 일궈내 본 이들은 안다. 자기결정권과 주도권 없는 상태가 얼마나 비참한지를. 그 같은 역사로 회귀하지 않기 위해서는 독립된 상태가 아니라 자립해 나아가야만 한다.

경제인으로서 격동의 대한민국 역사 가운데 오롯이 제 역할을 해낸 유일한 柳一韓 회장은 영면하는 그 순간까지 자립을 가르쳤다. 손녀에게 대학 학비 1만 달러를 남겼을 뿐, 회사 경영권이나 소유권과 같은 일체의 재산을 자녀들에게 주지 않았다. 그나마 딸에게 준 5,000여 평의 땅은 학생들을 위한 공간을 만들라는 주문이었다. '아들은 대학공부까지 시켰으니 혼자 자립해서 살도록 한다'는 게 전부였다.

'자립'은 유일한 회장이 아버지로부터 물려받은 정신이자 유산으로 집안의 가보다. 유일한 회장의 부친은 1095년 열 살의 아들을 지인에게 부탁해 미국으로 유학을 보냈다. 제국주의 시대 열강들 틈에서 자주독립 국가를 이루기 위해서 인재가 필요했기 때문이다. 이역만리의 낯선 땅에서 어린 아들은 조국이 없는 서러움을 겪으며 빨리 철들었다. 그는 독립운동 스승들을 모시며 악착같이 공부했고 졸업하고 미시간 중앙철도회사와 제너럴일렉트릭에 취직했다. 조국의 상황을 잘 알기에 안주할 틈이 없었다. 1922년 대학 동창과 식품회사를 창업해 어느 정도 돈이 모이자 고국으로 돌아왔다.

유한양행을 세워 당시 나라에서 가장 필요한 의약품을 생산했다. 위생용품이나 농기구 등을 수입해 보급했고, 화문석이나 도자기, 죽제품과 같은 우리 것들에는 자부심으로 미국에 수출했다. 일제 치하에서 일본에 귀속되지 않은 우리 민족의 경제적 틀을 만들어냈다.

유일한 회장의 유언장은 사람들의 마음을 울렸다. 전쟁이 끝나고 국가 재건 과정에서 가문의 재산 축적이 한창 중요했던 때에 그는 모든 것을 사회에 환원했다. 그리고 집안의 가보와도 같은 '자립'을 온 국민에게 유산으로 남겼다. ■

066

평등

얼링 페르손(H&M)

Erling Persson

'절대적 힘을 가진 군주'라는 뜻 그대로 '칭기즈 칸'은 동서 양을 아울러 인류 역사상 가장 성공한 지도자로 꼽힌다. 몽골 제국을 이룩하며 그가 지배한 영토는 알렉산더 대왕과 나폴레옹, 히틀러가 차지한 것보다 많다. 언어도 문화도 제대로 갖추지 못한 유목민과 이방 민족들을 칭기즈칸은 법 제도와 관용이라는 양날의 검으로 거대한 제국을 세웠다.

칭기즈칸은 이름만으로도 유럽을 떨게 한 제왕이지만 수평적 관계를 추구했다. 그는 사람들에게 본명 '테무친'으로 부르도록 했다. 군주나 왕으로 불리며 사람들이 거리 두는 걸 원치 않았던 까닭이다. 그는 여성이나 항복해온 이방 민족에게도 평등한 기회를 주고, 몽골제국의 청사진을 다 함께 그려가도록 했다.

평등은 권리와 기회를 똑같이 나눠 갖는 것이다. 하지만 칭기즈칸이 증명해낸 평등은 나누는 데에서 그치지 않는다. 모든 구성원이 전체의 번영을 위해 힘쓰도록 돕고, 이 자체가 거대한 원동력이 된다.

스웨덴의 증시 시가총액 1위 기업 H&M은 완벽한 수평 조직을 추구한다. 완벽한 평등이 없으면 경쟁도 있을 수 없다는 창업자 얼링 페르손 Erling Persson 1대 회장의 뜻에 따른 것이다. 70%를 넘는 여성 고용률, 비정규직에게도 퇴직금과 같은 장려금 조성 등 H&M의 평등 정책은 많은 기업의 모델이 되었다.

그중 눈에 띠는 점은 CEO를 비롯한 간부들이 의무적으로 일 년에 두 번 매장에서 직접 판매 업무를 담당하는 정책이다. 고객들과 피부로 접촉해 제품 향상에 기여하는 일은 주목표가 아니다. 판매 담당 직원들이 본사에 스카우트될 좋은 기회를 만들어주는 것이다. 이 회사의 많은 간부도 이런 과정을 통해 성장했다.

칭기즈칸이 금잔을 마다하고 병사들과 함께 나무잔에 차를 마셨던 것처럼 CEO의 권위를 쉽게 내려놓은 이들도 있다. 인텔 회장 앤드류 그로브는 출퇴근 때마다 여타 직원들처럼 보안검색대에 줄 섰다. CEO임에도 그는 가방을 활짝 열어 매번 보안검색을 받았다.

'잡스 아래 모두가 평등하다'는 애플 직원들이 갖는 자긍심이었다. 잡스는 살아생전 제품 개발에서는 한 치의 양보도 없었지만 굳이 CEO 행세를 하려 들지 않았다. 애플 본사에 장애인 전용 주차

구역은 있을지언정 그를 위해 지정된 주차구역은 따로 없었다. 애플의 모든 직원은 10시간 미만 거리의 출장에는 이코노미석을 이용해야 했고, 직위에 상관없이 10시간 이상에 비즈니스석이 허용됐다. 자칫 독단에 가까운 잡스의 행보가 직원들로부터 큰 저항심을 불러일으키지 않았던 이유 중 하나다. ■

067

황금률

이사도어 샤프 (포시즌스그룹)
Isadore Sharp

"무엇이든지 남에게 대접을 받고자 하는 대로 너희도 남을 대접하라."

예수 그리스도의 윤리관을 가장 정확하게 표현했다는 이 잠언을 황금률이라고 부른다. 황금률은 3세기 로마 황제가 이 문장을 금으로 새겨 벽에 걸어둔 데서 유래했는데 지금은 기업가들의 경영 신조로도 쓰인다. 황금률이 가장 많이 응용되는 곳은 서비스 분야일 것이다. 창업주가 아무리 고객 만족을 강조한다 해도 그것이 조직의 맨 아래 직급에까지 온전히 전달돼 고객들에게 실현되는 건 쉬운 일이 아니다. '고객은 왕'이라거나 '언제나 고객이 옳다'라는 식의 거창한 구호도 불친절한 매니저 앞에선 부끄러움일 뿐이다.

그래서 포시즌스그룹의 이사도어 샤프 Isadore Sharp 회장은 이 황금률을 자신의 직원들에게 우선 적용했다. 직원이 회사로부터 대접받는 만큼 고객들을 대접할 수 있다는 것이다. 포시즌스 직원이라면 세계 포시즌스 어느 곳에서라도 무료 숙박을 할 수 있다. 호텔 임원이건 청소부건 도어맨이건 말이다.

〈포춘〉 선정 '가장 일하고 싶은 100대 기업'에 매년 빠짐없이 꼽히는 포시즌스는 5성급 호텔 기업답게 모든 직원에게도 5성급 대우를 한다. 매해 객실 새 단장에 앞서 직원들이 머무는 작업 공간을 먼저 공들여 손 보고, 직원들은 설문조사를 통해 경영자에게 원하는 것들을 자유로이 요구할 수 있다. 현장 직원들은 호텔 주인처럼 업무에 책임과 권한을 갖고 있다.

고객을 재촉하지 않고 맞아들이는 것처럼 직원들에게도 그렇게 한다. 예를 들어 고급의 다양한 식기를 여러 단계별로 세팅해야 하는 룸서비스 담당 직원에게 직접 식기류를 빌려줘, 가족들 앞에서 연습할 기회를 주는 것이다. 포시즌스는 한때 경영에 어려움을 겪으며 구조조정을 했다. 이로 인해 잠시 일손이 부족한 상황에서 해고된 직원들이 일제히 달려와 무보수로 호텔 일을 거들기도 했다.

내가 어려울 때 기꺼이 도움을 줄 수 있는 사람, 내 빈자리를 대신해 열심히 일하는 사람, 늘 기쁜 마음으로 일터에 있는 사람…… 이사도어 샤프 회장이 직원을 길러낸 방식은 모두 그가 함께 일하고 싶은 형태의 사람들이었다. ▪

068

격려

|

잭 웰치(GE)
Jack Welch

|

아이는 심한 말더듬이였다. 레스토랑에서 참치 샌드위치를 주문하면 두 개가 나올 때도 있었다. 참치(Tuna)를 "튜……튜나"라고 더듬은 까닭에 종업원은 'Tow tuna'로 주문받았던 것이다. 의기소침한 아이에게 어머니는 "네가 말을 더듬는 이유는 너무 똑똑해서야. 머리에서 나오는 생각의 속도를 미쳐 혀가 따라잡지 못하는 거지"라며 머리를 쓰다듬었다.

아이는 어머니의 말을 믿었다. 정말 머리가 너무 뛰어나서 말을 더듬는 거라면, 자신을 말더듬이라고 놀려대는 친구들이야말로 머리가 나쁜 게 아닐까 생각하면서 말이다. 아이는 혀가 생각의 속도를 따라올 수 있도록 부단히 노력했다. 믿기 어렵겠지만 이 소년이 경영의 대가이자 달변가인 잭 웰치 Jack Welch 전 GE 회장이다.

칭찬을 많이 받는 아이는 자존심이 두터워지지만 격려를 받아온 아이는 자존감이 높아진다. 칭찬은 보상의 한 형태이기 때문에 칭찬에 익숙한 아이는 성패에 집착한다. 그러나 격려에는 이기고 지는 게 없다. 작고 사소한 것들도 격려의 대상이 되면 특별한 의미가 있다.

"어떤 사람이 실수를 했을 때 처벌은 최후의 수단이 돼야 한다. 가장 필요한 것은 격려와 자신감이다"라는 그의 말은 이런 경험에서 비롯됐다. 그는 회의 석상에 경고 깃발 제도를 만들었다. 누군가 실수했을 때, 그 사람을 비난하고 깔아뭉개는 이에게 주는 것이었다.

격려는 위로와 다르다. 위로가 어려운 상황에 놓인 이와 감정으로 맞대는 것이라면 격려는 문제의 관점 자체를 바꾼다. 단점을 장점으로 승화시키고 그것을 의심의 여지 없이 굳게 믿는 것이다. 격려받는 대상뿐만 아니라 격려하는 대상도 함께 말이다. 여기에서 부터 격려의 진정성이 발휘된다. 힘쓰고 권면하는 려(勵) 앞에 격하다의 격(激)이 붙는 연유다. ■

069

눈물

맥스 드프리(허먼밀러)
Max DePree

오랫동안 눈물은 여자의 것이었다. 셰익스피어는 여자의 눈물을 '악어의 눈물'이라며 힐난했지만 그 뒤로도 눈물은 유효하다. 그리고 이젠 남자들에게도 눈물을 권하는 시대가 왔다. 눈물을 흘리면 크게 웃을 때와 똑같이 생리적 변화가 나타난다. 몸과 마음을 정화하는 눈물의 순기능이 명확한데 억지로 틀어막을 필요가 없다는 것이다.

여기서 더 나아가 미국 1위의 가구업체 허먼밀러의 맥스 드프리 Max DePree 회장은 경영인이라면 직원들 앞에서라도 울 수 있어야 한다고 말한다. 허먼밀러는 '최고 경영, 최고 혁신'으로 손꼽히는 기업이다. 구직자들이 가장 들어가고 싶어 하는 회사로 다섯 손가락 안에 드는 이 회사는 1923년 설립 이래 탄탄대로를 걸어왔다. '미국의 사무실을 바꿔 놓았다'는 말처럼 저렴하고 실용적인 제품을 대중화하는 데 성공했고, 독특한 감수성의 가구들은 뉴욕현대미술관에 작품으로 전시돼 있다. 이 양극단을 아우르는 데는 CEO의 힘이 컸다.

드프리 회장은 포용하고 공감하는 경영자다. 자신의 마음을 버섯목처럼 뒤집어 보여주진 못해도 전달하고 나누는 데 최선을 다한다. 장애인 사원의 어머니가 회사로 보내온 편지를 직원들에게 읽어주다가 터뜨린 눈물에 회의가 중단된 적도 있다.

드프리 회장이 권하는 눈물은 도구가 아니다. 직원들은 위치상 어쩔 수 없이 상사나 경영자를 올려다본다. 경영자도 초심과는 달리 점점 완고해진다. 눈물을 흘리는 건 우리가 같은 감정을 느끼는, 단지 인간에 지나지 않다는 것을 서로 확인하는 행위다. 특히 경영자에게 있어 이것은 낮은 마음이다. 드프리 회장이 "빚진 자의 자세를 가져야 한다"고 CEO들에게 강조하는 건 그래서다.

고집스러운 모습으로 불독에 비유되기도 했던 윈스턴 처칠은 눈물이 많은 사람이었다. 공개석상에서나 연설 중에 여러 번 눈물을 흘렸다. 전시 상황에서 "내가 바칠 건, 피와 땀과 눈물뿐"이라고 했을 정도다. 그러던 중 막강한 군사력으로 무장한 나치 독일군이 런던 시가지로 점령해 들어왔다. 공포에 떨며 창밖을 내다보던 영국 국민들은 이상한 광경을 목격했다. 시가를 입에 문 처칠이 태연히 거리를 활보하고 있었다. 이 한 장면은 전쟁의 분위기를 완전히 바꿔놓았다.

진실한 눈물은 연출할 수 없고, 전략으로 쓰일 수도 없다. 그래서 눈물은 흘려도 된다. 중요한 건 눈물을 참아야 할 때를 아는 것이다. ■

070

멀티플라이어 Multiplier

리즈 와이즈먼(더와이즈먼그룹)
Liz Wiseman

불교나 힌두교와 같은 종교 문화권에선 자아를 터득한 스승을 구루(Guru)라고 부른다. 풍성한 금발 단발머리, 싱그러운 미소를 간직한 한 중년 여인에게 세계 경영자들은 '구루'라 부르는 데 주저하지 않는다. 그 여인은 더와이즈먼그룹의 회장 리즈 와이즈먼 Liz Wiseman. 그녀는 애플과 마이크로소프트, 나이키 등 글로벌 브랜드를 컨설팅했고 대학과 교육 분야, 금융 사업에서 뷰티나 푸드 분야에까지 수많은 기업에 조언을 해왔다. 20년간 글로벌 리더 150여 명을 연구한 공력을 리더십 연구 개발센터 더와이즈먼을 통해 나누고 있다.

와이즈먼 회장에서 시작된 경영 리더십의 최근 화두는 '멀티플라이어'다. 멀티플라이어는 팀원들의 능력을 최대한 끌어내고 증폭시키는 사람이다. 이들은 재능 있는 사람을 알아보고 모아낸다. 팀원들이 마음껏 작업할 수 있도록 최고의 환경을 구축해주는 데 원활한 의사소통 체계도 여기에 포함된다. 리더로서 결정을 내려야 할 때는 철저한 토론을 거친다. 이 과정을 통해 모두 함께 주인의식을 획득할 수 있기 때문이다. 그래서 멀티플라이어 리더는 투자자처럼 일한다. 성공적 결과를 위해 당장에 자신의 손익은 계산하지 않는 것이다.

반면 '디미니셔' 부류의 리더는 다른 사람의 능력을 축소한다. 조직에서 자신이 가장 똑똑하고 큰 공을 세워야 하기 때문에 다른 사람들이 일할 공간을 주지 않는 것이다. 이들은 먼저 정답을 품고 있다가 마음대로 결정해버린다. 장시간 회의마저도 헛수고로 만들어버리는 결론에 직원들은 허탈해한다.

리즈 와이즈먼 회장은 디미니셔를 조직에서 내보내야 한다고 딱 잘라 말한다. 멀티플라이어 리더가 개인의 능력을 두 배로 끌어내는 데 반해 디미니셔 리더 아래서는 능력의 20~50%밖에 발휘하지 못하기 때문이다. ■

071

호통

나가모리 시게노부(일본전산)
永守重信

세계를 강타한 리먼 쇼크에도 직원 감축 없이 흑자 이익을 내고, 소형 모터 단 하나로 IBM과 애플, 도요타 등 세계 굴지의 기업을 줄 세우는, 네 명의 직원으로 시작해 어느덧 18만 명의 대식구를 거느린 일본 굴지의 기업 일본전산. 하지만 일본전산은 독특한 채용 기준과 목청 좋은 회장님으로 더 유명하다. 대학 성적이나 시험 결과 따위는 중요하지 않다. 밥 빨리 먹는 사람, 90도로 인사하는 사람, 화장실 청소 잘하는 사람을 인재로 뽑아 쓴다. 영세한 시절, 차마 명문대 출신을 쓸 수 없었던 탓에 회장님이 만든 '일 잘할 만한 녀석들'의 기준이다.

하지만 직원들이 나가모리 시게노부 永守重信 회장을 사랑하고 따르는 까닭은 그의 특별한 기준으로 일본전산에 입사해서만은 아니다. 오히려 눈물을 쏙 빼는 호통에 매료된 것이다. 나가모리 회장의 호통에는 조언이나 비판 같은 점잖음 따위는 없다. 예의나 예우도 있을 리 만무하다. 그런데도 이 호통을 싫어하는 사람은 찾아볼 수 없다. 왜냐하면 회장님의 호통에는 진한 애정이 있다는 걸 모두가 알기 때문이다.

"호통을 치려면 평소보다 4배나 에너지가 들고, 마음을 훨씬 더 관리해야 한다"는 나가모리 회장의 말처럼 어찌 보면 싫은 소리는 참는 게 더 이득이다. 적당히 이미지를 관리하면서 정 못마땅한 직원은 내보내고 새 사람으로 교체하면 그만이다.

나가모리 회장은 그래서 경영자라면 직원들에게 호통칠 줄 알아야 한다고 외친다. 평소에는 질책하지 않다가 회사가 힘들 때 구조조정을 하는 것이야말로 비겁한 경영자라는 게 그의 생각이다. 또한 일에 실패하거나 문책을 당해 회사를 그만두는 직원은 다른 회사에 가서도 비슷한 문제를 겪는다. 그래서 호통을 치고 질책하는 건 그 직원이 가진 문제를 함께 뿌리 뽑자는 강한 메시지다. 내재된 진보적 반발심을 끌어내는 것이다.

이 과정은 결국 '우리 계속 함께 일하자'는 뜻이다. 가족에 버금가는 일본전산의 결속력은 이렇게 만들어졌다. ■

072

말

리치 디보스(암웨이)
Rich Devos

정보의 55%는 행동과 표정 같은 신체언어로 전달되고, 38%는 음조를 통해 전달된다. 말로 전달되는 건 고작 7%뿐이다. 이렇게 보면 말은 깃털처럼 가볍고 하찮게 느껴진다. 하지만 이것은 어디까지나 전달을 목적으로 하는 말에 국한돼 있다.

보이지도, 손에 잡히지도 않는 말이지만 반드시 모든 말에는 주인이 있다. 입 밖으로 낸 말을 제일 먼저 듣는 화자는 바로 말을 한 본인이다. 입에서 귀까지 유스타키오관으로 연결돼 있기 때문이다.

예일대학교 심리학과의 존 바그 교수는 동료들과 함께 프라이밍 효과(Priming Effect, 점화 효과)를 실험하다가 말이 가진 힘을 확인했다. 노인을 연상시키는 문장을 읊었던 모든 실험 참가자들이 돌아갈 때는 자기도 모르게 노인처럼 천천히 걸었다. 반대로 젊음에 관계된 문장을 읽은 참가자들은 실험을 마친 뒤에 이전보다 더 빠른 속도로 활기차게 걸어갔다. 속도에는 약간의 편차가 있었지만, 참가자들 모두가 단어에서 연상된 대로 행동한 것이다.

말은 타인에게 의사를 전달하기 위해서만 사용하는 게 아니다. 스트레스를 많이 받거나 외로운 상황에서 혼잣말이 늘어나는 현상은 생존본능이다. 마음속에 쌓여 있는 것을 말을 통해서나마 털어내려 하는 것이다. 남을 향하건 자신에게 하건 간에 말은 부메랑의 성질을 띠고 있다.

암웨이 창업자 리치 디보스 Rich Devos는 독립 사업주를 이끄는 CEO답게 응원단장 기질이 풍부했다. '당신은 할 수 있다'라는 기업 슬로건은 이제 세계 사람들에게 익숙한 문장이다. 또한 인정과 격려의 말을 나누는 것을 회사 시스템으로 만들었다. '나를 지켜봐 달라', '당신이 자랑스럽다'와 같은 문장을 상황에 맞게 서로 나누도록 했다. 세계 300만 명의 독립사업주들은 리치 디보스 회장과 함께 부탁과 감사, 응원과 격려의 말을 나눴다.

상대에게 긍정의 말을 할 때 그 말을 가장 먼저 듣는 이는 자기 자신이다. 뇌는 그 말을 양분 삼아 행동지시를 내린다. 그래서 무의식중에 내뱉는 한 마디라도 주의를 기울여야 한다. 그렇게 보면 인생의 핸들을 쥐고 있는 것은 말이다. ■

073

가족

인드라 누이(펩시코)
Indra K. Nooyi

한밤의 늦은 퇴근길이었지만 기쁜 소식을 실은 인드라 누이 Indra K. Nooyi의 발걸음은 떠다니듯 가벼웠다. 펩시코에서 일한 지 20년, 남성들의 견제와 치열한 경쟁 끝에 CEO 자리에 도달한 날이었다. 인도의 보수적인 집안에서 태어나 미국 대표 음료 기업의 CEO가 된 인드라 누이는 이 기쁨을 어서 빨리 가족들에게 전하고 싶었다.

문을 열고 들어가며 "엄마, 아주 중요한 소식이 있어요"라고 외쳤다. 거실에 있던 엄마는 잔돈을 건네며 "그건 좀 이따 말하고 어서 우유 좀 사오너라"고 했다. "깜짝 놀랄 중요한 소식이라니까요!"라고 인드라 누이가 목소리를 높였다. 그녀의 엄마는 단호하게 말했다.

"집에 들어오면 밖에서 썼던 왕관을 벗어두고 오렴. 여기서 네게 가장 중요한 건 가족이야. 가족에게 우유가 필요하다면 넌 언제라도 우유를 사와야 해."

축배를 들어 마땅한 밤에 펩시코의 새 CEO는 우유를 사러 갔다. 섭섭한 마음을 달래던 중 그녀는 어머니가 무엇을 가르치려 했는지 깨달았다. 그녀가 지금 이 자리에 있기까지 가족들이 버팀목이 되었다는 사실을 잊어서는 안 된다는 것이었다. 이는 오만에 젖은 배반만을 뜻하는 게 아니다. 일을 하는 이유, 행복의 원천을 상기하는 것이다.

CEO로 취임한 그녀는 직원들에게도 가족과의 시간을 늘리도록 독려했다. 펩시코는 살기 위해 일하러 오는 직장이 아니라 삶을 만들어주는 곳임을 상기시켰다. 한 회사 직원이기 전에 아내이자 엄마이고 소중한 딸, 든든한 아버지 혹은 귀한 아들임을 일깨웠다. 직장과 같은 조직에서 사람들은 일부가 되지만 가족 안에서는 세상에 유일무이한 절대적 존재다. 누구도 대체할 수 없는 절대성을 깨닫는 것만으로도 놀라운 힘이 발휘된다.

펩시는 늘 코카콜라 다음이었고, 오랫동안 코카콜라 대체품으로 인식됐다. 인드라 누이가 회장에 취임한 뒤 펩시는 달라졌다. 탄산음료 생산을 줄이고 건강을 고려한 과일주스와 기능성 음료를 만들었다. 모든 음료에서 트랜스지방을 제거했다. 코카콜라가 차마하지 못했던 이 일은, 펩시를 최고의 반열에 올려주었다. ■

074

자녀 교육

리카싱(청콩그룹)
李嘉誠

벼슬과 부귀, 심지어 가난도 삼대면 끝이라고 한다. 한자 삼(三)은 제일 아래 땅을 기반으로 인간이 얹어지고 그 위로 하늘을 둔 완성의 숫자다. 나무, Tree에서 파생한 Three는 풍요와 번영, 안정의 상징이다. 최고점에 달했으면 그다음부터는 새로이 시작된다는 게 동서를 아우르는 이치다. 그래서 보통의 부모들이 자녀만큼은 '나보다 더 잘 살았으면' 하는 바람으로 자녀 교육에 힘쓰는 반면 CEO들은 '나 없이도 잘 살았으면' 하며 자녀 교육에 공을 들인다.

빌 게이츠는 정보 수집과 책 읽기의 중요성을 부모님에게 배웠다. 어릴 적 빌 게이츠는 무척 굼뜬 아이였다. 그래서 아버지는 매년 여름 2주의 휴가를 내고 자연 속에서 온갖 것들을 게임으로 만들어 빌 게이츠의 승부욕을 자극했다. 빌 게이츠가 독서에 탐닉하게 된 것도 '읽기 대회'처럼 1등에 도전하는 재미를 붙이면서였다. 그의 아이들은 1만 4,000여 권의 책을 소장한 개인 도서관에서 컴퓨터 대신에 책을 붙들고, 일상적으로 토론하는 걸 배우고 있다.

근검절약과 돈의 가치를 깨우쳐주는 일은 여전히 중요한 자녀교육 방침이다. 세계 대부호들은 자녀들에게만큼은 짠돌이였다. 글을 배울 무렵 직접 일을 해서 돈 버는 연습을 시키고 용돈 기입장을 제대로 관리하지 않으면 벌금을 물렸다. 세계 억만장자 20위권에 아들과 며느리 등 다섯 명이나 이름을 올린 월튼가는 세계 최고 갑부 가족이지만 절약을 가보 삼는다. 월튼가 장남은 아직도 월마트가 창업했던 그 자리에서, 창고를 개조한 비좁은 사무실에서 일한다. 워런 버핏의 세 자녀는 아버지가 재산의 85%를 기부하겠다는 계획을 발표했을 때 서운해하지 않았다. 되레 "엄청난 재산을 물려주는 것이야말로 정신 나간 행동"이라며 진정한 유산은 물질이 아닌 정신이라는 것을 일깨웠다.

동아시아 최고 갑부 리카싱 李嘉誠은 두 아들에게 엄격한 사자의 교육법을 적용했다. 초등학생 때부터 청콩실업의 이사회에 참관시켰다. 기업의 의사결정 과정을 직접 보고, 치열한 논쟁과 합리적 판단의 중요성을 일찌감치 가르친 것이다.

자녀 교육의 내용과 방식은 저마다 다르다. 하지만 공통으로 자녀들에게 습관을 가르치고 경험을 제공했다는 점은 주목할 만하다. ∎

CRISIS OVERCOMING

위기 극복의
단어

075

나

카를로스 곤(르노닛산얼라이언스)
Carlos Ghosn

장대 하나를 들고 벼랑과 벼랑 끝을 이은 얇은 외줄을 맨발로 건너는 사람들이 있다. 천 길 낭떠러지 밑으로 흐르는 시퍼런 계곡 물을 본 듯 구경꾼들은 조마조마하다. 하지만 기예의 주인공들은 되레 구경꾼들의 탄성을 즐긴다. 어쩜 그리 태연히 건널 수 있느냐는 질문에 재주꾼들은 간단한 비법을 전한다.

"위아래 볼 거 없이 그냥 두 다리 믿고 앞을 향해 걸어가면 됩니다."

웬만한 강심장이 아니고서야 거센 소용돌이 속에서 평소처럼 전진하기란 대단히 어렵다. 내재된 동물적 본능은 불안한 상황에선 움츠리고 자꾸만 주변을 살피게 한다.

한때 일본 경제의 자부심이었던 닛산자동차는 1990년대 들어 최대 위기를 맞았다. 2조 엔의 부채와 여기에 따른 연간 1,000억 엔의 이자 부담을 안고 르노에 인수됐다. 르노 본사에서는 닛산의 구원 투수로 레바논계 브라질인 카를로스 곤 Carlos Ghosn을 최고 책임자로 파견했다. 이에 일본 내에서는 "외국인 경영자가 일본 문화가 숨 쉬는 닛산을 제대로 경영할 리 없다"며 회의적 반응을 보였다. 닛산을 도산시키려는 술수 아니냐는 의혹도 제기됐다.

논란의 주인공이 이런 사정을 모를 리 없었다. 그리고 그는 닛산에 취임하며 3년 내 부채를 7,000억 엔으로 삭감하겠다고 선언했다. 불가능에 가까운 목표였기에 허언이 아니라는 증명으로 목표 달성을 못 하면 닛산을 떠나겠다고 덧붙였다.

카를로스 곤의 약속은 지켜지지 않았다. 3년이 아닌 불과 2년 만에 모든 부채를 탕감한 것이다. 뿐만 아니라 닛산 역사상 최대 순이익을 이뤄냈다. 재기불능의 닛산이 화려하게 복귀하자 일본 정부는 외국인에게 처음으로 남수포장 훈장을 수여했다.

벼랑 끝에 몰린 위기의 닛산을 그는 어떻게 구해낸 것일까. 카를로스 곤은 이렇게 말했다.

"경쟁자를 바라보면 나는 추락한다."

도저히 손 쓸 수 없는 위기 상황이라면, 자기 자신을 신뢰하는 게 가장 현명한 방법이다. 나라는 사람이 가진 본연의 에너지와 본능적 생존법에 집중하는 것이다. 그러기 위해서는 자기 스스로에 대한 깊은 이해와 인정이 필요하다. ∎

076

위험

엘론 머스크(스페이스엑스 · 테슬라모터스 · 솔라시티)
Elon Musk

악당의 공격으로 집은 쑥대밭이 됐다. 밤잠 안 자고 만들어 낸 최첨단의 슈트 40여 벌도 일순간에 사라졌다. 빈털터리로 목숨 마저 위태로운 주인공은 망가진 슈트 한 벌만을 들고 도피한다. 세상은 그의 사망을 기정사실로 하고, 모든 것을 잃은 주인공은 좌절 한다. 그의 잘못은 악당으로부터 세상을 지키려 한 것뿐이다. 그것 이 이런 비극을 초래할 만큼의 잘못이었던가. 그러다 문득 한 가지 사실을 깨닫는다.

"다른 건 다 뺏어가도, 한 가지 절대 빼앗아갈 수 없는 게 있죠. I am IRON MAN."

영화 '아이언맨'은 기업가 엘론 머스크 Elon Musk를 모델로 만들어졌다. 남아프리카공화국 태생의 40대 젊은 사업가는 '아이디어 하나만으로 수십억 달러를 끌어내는 사람'이다. 전기자동차에 이어 민간우주여행사업 스페이스엑스(Space X), 총알보다 빠른 초음속진공 열차 하이퍼루프 개발에 본격 돌입한 그는 화성에서 죽는 게 소원이다. 또한 자신이 벌이는 모든 사업의 창업자이자 개발자, 설계자다. 각 분야에서 최고로 앞선 기술을 갖고 있지만 특허 출원 따위는 하지 않는 남다른 자신감이 있었다.

"실패는 옵션일 뿐, 실패하고 있지 않다면 아무것도 하고 있지 않다는 것이다"는 그에게 위험은 대수롭지 않아 보인다. 하지만 후에 "세상이 깜깜했다"고 고백할 만큼 위태로웠던 적도 있었다.

2008년 크리스마스를 앞둔 일요일 아침은 생애 최고로 우울한 날이었다. 스페이스엑스 로켓 발사는 세 차례 실패했고 전기자동차 테슬라는 자금 확보를 하지 못했다. 태양광 사업은 투자은행들이 계약을 이행하지 않아 답보 상태였다. 아내마저도 짐을 싸서 그의 곁을 떠나버렸다.

온라인 금융회사 엑스닷컴을 판 돈 15억 달러를 끌어안고 있었다면 그는 아무 걱정 없는 억만장자로 살 수 있었을 것이다. 이제라도 선택을 돌이켜 사업체 정리에 나선다면 적어도 빚에 쫓기는 신세는 면할 것이었다. 하지만 사람들의 말처럼 엘론 머스크는 위험을 향해 돌진해왔다. 위기를 맞으면 위축되는 게 동물적 생존 본능이라지만 그는 '무엇을 위해 존재하는가?'라는 질문 속에 위험을 고수했다. 모든 것을 다 잃었어도 위험을 좇는 '나'는 여전히 남아 있다는 것을 깨달은 것이다.

마지막 승부수에서 행운은 어쩔 수 없이 그의 머리 위로 내려앉았다. NASA로부터 스페이스엑스에 투자하겠다는 전화를 받은 것이다. 이를 기반으로 엘론 머스크는 우주사업도, 태양광 개발업도, 전기자동차도 모두 지켜냈다. 하이퍼루프로 지구촌을 일일생활권으로 엮겠다는 야심 찬 도전도 하고 있다.

아이언맨은 외딴 오두막에서 불타 버린 슈트를 고이 접어 넣을 수 있었다. 그랬다면 한때의 영웅이었던 자신을 추억할 수 있었을 거다. 하지만 아이언맨은 슈트를 다시 고쳐 입으며 악당을 처치하러 나선다. 최악의 상황에서 아이언맨의 위험한 결정은 세상을 구해낸다. ■

077

전진

|

테드 터너(CNN)
Ted Turner

|

어린 아들에게 아버지는 큰 사람이었다. 작은 옥외광고 회사를 하던 아버지를 따라 테드 터너 Ted Turner는 광고판 세우는 일을 도왔다. 모기가 들끓는 잡초 위에 서서 뜨거운 태양을 고스란히 받았지만 사랑하는 아버지와 함께였으니 아주 좋은 시간이었다. 그런 아들을 향해 아버지는 "네가 추구할 만한 무언가가 앞에 놓여 있을 거다. 난 목표를 너무 낮게 잡는 실수를 했어"라며 쓴웃음을 지었다.

테드 터너가 스물네 살 되던 해에 아버지는 자살했다. 도산 직전의 옥외광고 회사가 유산처럼 남았다. 터너는 대학을 중퇴하고 아버지의 유산을 물려받았다. 그리고 뛰어난 사업 수완을 발휘해 작은 지역 방송국 경영에까지 이를 수 있었다. 만족할 만한 삶이었지만 아들은 아버지가 했던 후회를 반복하면 안 된다는 생각이 들었다. 그리고 1976년 통신위성을 활용해 전미 지역으로 지역방송을 송출하는 슈퍼스테이션을 만들어냈다. 가속도가 붙었다. 24시간 스포츠 채널 ESPN과 세계 최초의 24시간 뉴스 CNN을 개국했다.

그리고 2003년 경영진과의 마찰로 자신이 만든 미디어 제국에서 물러났다. 하지만 그는 10억 달러를 UN에 기부하고 핵위협방지재단을 창립했다. 기후변화와 같은 지구 환경 위험에 집중을 다하고 있다.

아버지를 우러러보던 소년의 꿈은 더욱 확장됐고, 더 큰 것들을 계속해서 이뤄가고 있다. 테드 터너는 말한다. "온갖 역경과 비극 속에서 살아가는 우리에게 선택은 멈추거나 달리거나 두 가지다. 때로는 비극을 견디고 길을 계속 가는 것이야말로 최고의 전진 방법이다"라고.

'그래도 삶이 계속된다면' 멈춰있기보다는 앞으로 나아가는 게 낫다. 멈춰있는 것들에는 소멸이 다가오지만, 꾸준히 밀고 나가는 것들엔 죽음을 비켜갈 수 있는 가속도가 붙기 때문이다. ▪

078

뚝심

정주영(현대그룹)
鄭周永

1998년, 말쑥하니 단장한 여든셋의 노회장은 누런 황소를 앞세워 판문점을 넘었다. 500마리의 소 떼가 그 뒤를 따라 금단의 땅 북한에 발 디뎠다. 이루지 못한 마지막 숙원 사업, 통일에의 짙은 염원이었다. 아버지가 소를 판 돈 70원을 훔쳐 가출했던 어린 소년은 60여 년 만에 이 돈을 수천만 배로 불리고 국가 경제의 기반이 됐다.

세계가 이 감격의 귀향길을 주목했다. 외신 언론은 베를린 장벽 붕괴에 버금가는 감동이라고 전했고, 문명비평가 기 소르망은 '20세기 마지막 전위예술'이라며 감탄했다. 현대그룹 창업주 정주영 *鄭周永* 회장은 이렇게 종종 사람들을 크게 놀래키고, 감탄시키곤

했다.

정주영 회장은 뚝심 그 자체다. 굳세게 버티고 감당하는 힘 또는 미련스러울 만치 불뚝 내는 힘의 '뚝심'은 한자나 영어로 변환 불가능한 단어다. 인내라고 하기에 버티는 모양새가 매우 저돌적이고, 용기로 바꿔 부르자니 큰 배포가 담기지 않는다. 어쩔 수 없이 뚝심이다.

일제강점기를 거쳐 한국전쟁으로 이어진 혹독한 역사, 그리고 그 사이사이에 닥쳐온 홍수와 가뭄 또 폭설과 같은 자연재해까지. 생산의 3대 요소인 자원, 기술, 인력 중 쓸 수 있는 건 아무것도 없었다. 정주영 회장은 이 모든 것을 두 주먹에 꼭 쥔 뚝심으로 돌파했다.

'현대'란 이름으로 자동차와 건설사업을 하던 1970년 정주영 회장은 조선사업을 동반하면 여러모로 좋겠다는 생각을 했다. 하지만 조선업은 자동차 산업보다 더 많은 자본과 기술을 필요로 했다. 한국의 산업 동향을 의식하던 일본이 도울 리 없었다. 정주영 회장은 조선사업의 본고장 영국으로 날아갔다. 그러나 조선회사 A&P 애플도어 입장에서 현대는 경험도 전혀 없고, 성장 가능성도 희박했다. 한국 정부가 보증을 선다며 투자를 위한 최후의 카드까지 꺼냈지만, 그들에게 동방의 작고 가난한 나라 대한민국은 신용거래 대상이 아니었다.

현대 측 실무진들 얼굴에 패색이 짙어질 무렵 정주영 회장은 500원짜리 화폐를 꺼내 보였다. 뒷면에 그려진 거북선을 손으로 짚었다. 영국보다 300년이나 앞서 만든 철제함선이었다. 비록 현대그룹의 조선사업은 처음이지만, 선박은 우리 민족의 역사고 그래서 숙명이란 뜻이었다. A&P 애플도어 롱바톰 회장은 즉각 전면 지원을 약속했다.

정주영 회장이 살아생전 가장 많이 한 말은 "해봤어?"였다. 불가능해 보이는 일이라도 뚝심으로 부딪치면, '시련은 있을지언정 실패는 없다'는 소신이다. 연필 한 자루가 귀하던 시절에 정주영 회장은 맨손으로 땅을 일구고 공장에 굴뚝을 지폈다. 뚝심 하나로 세계 시장을 돌파했다. 그래서 정주영 회장에겐 소설 같은 일화가 무척 많다.

하지만 그는 뚝심만으로 모든 일이 성사됐다고 믿는 사람이 아니었다. 뚝심의 저항력으로 위기를 모면할 순 있지만, 그것을 이뤄내는 것은 사람 곧 정직한 땀과 노력이라는 것을 알고 있었다. 그래서 정주영 회장은 생전에 '한강의 기적'이란 표현을 좋아하지 않았다. 세계가 놀랄 일임에는 분명하지만 그것은 한 사람의 노력이나 행운으로 이뤄진 게 아니다. 근면 성실한 국민들이 하나하나 쌓아올린, 당연한 결과이기 때문이다. ■

079

결단

모리타 아키오(소니)
盛田昭夫

"**주사위는** 이미 던져졌다."

루비콘 강을 건너 로마로 돌진하던 카이사르가 외친 말이다. 어쩌면 결단은 내리는 그 순간보다 불안과 후회가 떠오르는 그 직후가 더 힘든 건지도 모르겠다.

'결정적 판단'을 했다는 말은 주변의 반대와 우려를 무릅쓰고 감행했다는 뜻이다. 결단 내린 사람이 모든 책임을 지는 게 맞지만, 어떤 일은 생각보다 많은 대가와 희생을 요구하기도 한다. 그러한 이유로 결단은 함부로 내리지 않으며, 사람들은 결단의 순간이 오기를 바라지 않는다. '결단 내겠다'라는 말에 최후의 비장함이 묻어나 있는 건 그래서다. 결단의 결과는 때론 숙명처럼 느껴진다.

카이사르의 외침처럼 결단에는 후회가 따를 수 없다. 설령 불안과 공포가 용솟음쳐 올라도 결단을 내린 사람은 초연해야 한다. 수많은 전쟁의 역사, 승리의 기록, 인생의 갈림길에서 과감하게 결단한 사람들은 충분한 보상을 받았다. 목표 이상의 뜻을 이루거나 설령 패배하더라도 고결한 자존심을 지켰다.

카이사르처럼 목숨이 걸려 있진 않지만 시장에서 경영권자들의 결단도 그에 못지않다. 모두의 추억일 만큼 보편화된 워크맨은 모리타 아키오 盛田昭夫 회장의 결단에서 나왔다.

'들고 다닐 수 있는 작고 가벼운 라디오'를 만들 때 직원들은 팔릴 리가 없다며 반대했다. 모리타 회장은 "3만 개도 안 팔리면 회장직에서 물러나겠다"며 사내 반대 여론을 잠재우고 제품 개발과 생산에 몰두했다. 제품이 나온 뒤에는 이름이 문제였다. 영어 문법에도 맞지 않지 않는 '워크맨(Walkman)'은 놀림 받기 딱 좋은 괴상한 일본식 이름이었다. 자국 일본에 대한 애정이 남달랐던 모리타 회장은 "영어가 아니라 에스페란토어로 여기라"며 워크맨을 포기하지 않았다. 세상에 없던 물건은 영어권에선 도무지 이해할 수 없는 이름을 달고 전 세계로 2억 개나 팔려나갔다.

워크맨은 옥스퍼드 영어사전에 정식 용어로 등재됐고, 〈포춘〉은 '역사상 가장 뛰어난 경영 결정' 중 하나로 워크맨을 꼽았다. ■

080

관찰

콜먼 모클러(질레트)
Coleman Mockler

투자의 귀재 워런 버핏에게도 다소 씁쓸한 주식 매입 사례가 있다. 상대는 콜먼 모클러 Coleman Mockler가 CEO로 있던 1989년도의 질레트다.

기업 인수와 합병 열풍 속에서 질레트는 기업 사냥꾼들의 표적이었다. 면도기를 비롯한 생활 위생용품은 경기를 덜 타는 데다가 질레트의 기업 실적도 괜찮은 편이었다. 하지만 몇 차례 적대적 M&A 공격에 맞선 터라 질레트는 경영권만 간신히 지킨 채 자금 압박을 받게 됐다.

이런 상황을 잘 알고 있던 버핏은 질레트가 자신의 투자 조건을 흔쾌히 수락할 거라고 예상했다. 소식을 전해 받은 콜먼 모클러 회장은 버핏이 있는 오마하로 날아왔다. 햄버거에 콜라를 곁들인 캐주얼한 점심 미팅은 버핏의 예상과 달리 팽팽했다. 주식 가격과 매입 방식, 옵션 등 투자 조건이 크게 차이 났다.

결국 버핏은 콜먼 모클러 회장의 요구안을 최대치로 수용했다. 20% 프리미엄 붙은 가격으로 질레트 주식 11%를 사들였는데, 버핏의 원래 계획과는 한참 다른 것이었다. 하지만 질레트는 최적의 가격으로 버핏의 투자를 받아 기업 사냥꾼들로부터 회사를 든든히 지켜낼 수 있었다. 위태로운 상황에서도 아슬아슬 줄타기를 하며 상대를 안달 나게 만드는 것이 모클러 회장이다.

그는 겉보기엔 매우 얌전하고 소심한 사람이었다. 틈나는 대로 제품 수리창고나 작업장에 들러 시간을 보냈다. 직원들에게 딱히 충고를 하거나 투자자를 의식한 시찰도 아니었다. 직원들 표현처럼 그저 어슬렁거렸다. 모클러 회장은 조직을 관리하는 것에도 무심한 듯 보였다. 처음부터 필요에 맞는 사람을 뽑아야 한다며 업무 시간의 55%를 인재 채용에 골몰했다. 그래서 모클러 회장은 마치 회사의 구경꾼처럼 보이기도 했다.

1980년대, 일회용 면도기 시장을 빼앗긴 질레트는 강철 면도기와 플라스틱 면도기 개발을 각각 주장하는 양측으로 나뉘었다. 이들의 대립은 무려 2년간 첨예하게 계속됐는데 모클러 회장은 침묵으로 일관했다. 그러다 어느 순간에 강철 면도기 개발 쪽의 손을 들어줬다. 질레트의 히트작 '마하3'의 탄생이다.

겸손하다 못해 있는 듯 없는 듯한 모클러 회장은 이렇게 15년간 질레트의 CEO로 재직했다. 시장 변동과 외부의 큰 공격에도 회사를 지켜내며 주가 누적 수익률을 3배로 만들었다.

모클러 회장의 조용한 성공에 우연이라고 말하는 사람은 없다. 사실 그는 철저한 관찰자로 중립을 유지했다. 사금을 채취하는 과정처럼 지켜보고, 거르고 거르면서 가장 중요한 것이 남도록 기다렸다. 같이 있는 이들로 하여금 인내심이 바닥을 드러낼 즈음에야 결정을 내렸다. 모클러 회장이 이렇게 내린 결정은 재고나 반박의 여지없이 그대로 실행됐고 적중했다.

그리고 훗날 워런 버핏은 질레트 투자 16년 만에 9배의 수익을 거둬들였다.■

081

끈기

시어도어 N. 베일(AT&T)
Theodore N. Vail

발명과 사업에는 공통점이 있다. 혁신적 사고와 도전 그리고 노련하게 단련된 기술……. 하지만 이 둘을 가르는 가장 큰 차이는 발명과 달리 사업은 한 번의 행운만으론 성공할 수 없다는 사실이다. 시장과 수요자의 변화, 꾸준히 치고 올라오는 경쟁자들, 달라지는 생산 여건 속에서 지속성을 가져야 하기 때문이다.

"벨이 전화기를 발명했다면 시어도어 N. 베일은 전화 사업을 발명했다"는 말에는 전화기가 현대적 통신 사업이 되기까지 그의 노력이 담겨 있다.

알렉산더 그레이엄 벨이 발명한 전화기는 혁신적 물건임에는 분명했다. 1884년 벨의 특허가 만료되자마자 너도나도 전화 사업에 뛰어들어 6,000여 개의 업체가 난립했다. 원조였던 벨 전화회사는 미국전신전화회사(AT&T)를 세웠지만 혼탁한 시장 속에서 갈팡질팡했다.

일찍이 벨 전화회사에 총지배인을 맡았던 시어도어 N. 베일 Theodore N. Vail은 각 지역의 전화교환국을 통합하고 서로 연결해 장거리 전화서비스를 만들어냈다. 비로소 전화기가 발명의 목적과 가치를 갖게 된 순간이었다. 이후 회사를 떠났던 그는 20여 년 만에 다시 CEO로 부름 받았다. 그는 1915년 최초의 대륙횡단 전화선 개통을 시작으로 대서양을 이었다. 그리고 사망 1년 전까지 전화 사업에 헌신했다. 벨이 세상에 처음 내보인 물건, 전화기는 베일 생전 50여 년에 걸쳐 상용화됐다.

그의 키워드는 끈기다. 앞이 보이지 않는 상황을 끈끈한 걸음걸음으로 이어 밀고 나갔다. 베일의 '요트 회의'는 이렇게 나왔다. 주요 사안이 있을 때에 임원들과 함께 요트에서 회의를 열었다. 문제의 답을 찾을 때까지 회의는 끝나지 않았다. 회의가 지겹다고 바다로 뛰어들 사람은 없기 때문이다. ▪

082

질문

앤드류 그로브(인텔)
Andrew Grove

질문은 반드시 답을 구하기 위해서만 있는 건 아니다. 상황을 꿰뚫는 현명한 질문은 그 자체만으로도 충분한 답이 된다. '우문에 현답'은 감탄을 유발할 만큼 드물지만 '현문에 현답'은 주거니 받거니 한다. 앤드류 그로브 Andrew Grove는 질문만으로 인텔을 우뚝 세운 사람이다.

1979년 그가 사장직을 맡았을 때 인텔은 일본 기업들로부터 추격을 받고 있었다. 급기야는 주력 상품이던 메모리 분야의 수주가 급감하면서 인텔은 막다른 위기에 봉착했다. 후발 주자들에 밀려 선두는 고사하고 세계 10위권 반도체 회사도 아슬아슬했다. 임원 회의에는 숨 막히는 침묵이 내려앉았다. 이미 수천 명의 직원을 내

보냈지만 앞으로 인텔에 닥쳐올 더 큰 재앙만이 점쳐지고 있었기 때문이다. 침묵을 먼저 깬 사람은 앤드류 그로브였다.

"우리가 쫓겨나고 새 CEO가 온다면 이 상황을 어떻게 극복할까?"

그의 물음에 창업 동반자인 무어 회장이 한숨 쉬며 답했다.

"메모리 사업에서 손을 떼겠지."

그 말에 그로브는 즉각 제안했다.

"그럼 우리가 이 방을 나갔다가 다시 들어와서 그렇게 하면 되지 않겠어?"

인텔의 초석이었던 메모리 사업은 이 짧은 질문과 답변으로 순식간에 정리됐다. 그 빈자리는 마이크로프로세서라는 새로운 사업에 집중하는 것으로 메웠다. 이를 기점으로 인텔은 세계 1위 반도체 회사에 당당히 오를 수 있었다. 앤드류 그로브가 CEO를 맡은 지 10년 만에 회사는 10배로 성장했다.

좋은 답변이 미래를 그려낸 사진이라면, 좋은 질문은 현재를 또렷이 보여주는 거울이다. 거울은 늘 그대로를 보여주지 않는다. 풀 수 없는 문제들이 쌓여 있는 상황에선 거울을 응시하는 것조차 어렵고, 난관 속에 가려져 왜곡된 상을 비추기 때문이다. 따라서 좋은 질문을 하려면 먼저 눈을 씻고 거울을 깨끗이 닦는 데서 출발해야 한다. 내 일이 아닌 남의 일처럼, 초연하고 냉정하게 말이다. ■

083

평상심

조지 버클리(3M)
George W. Buckley

평상심은 불안 상황에도 요동하지 않고 묵묵히 제 길을 갈 수 있는 마음이다. 위기에 처한 동물적 본능처럼 갈기를 크게 세우지도 않는다. 그렇다고 닥쳐온 위험을 피해 깊숙이 숨지도 않는다. 어제와 같은 마음으로 오늘을 간다. 난세의 영웅들은 한결같이 침착하고 견고했다. 불안에 사로잡힌 장수를 따르는 병사는 없다.

한편 위기는 누가 진짜 영웅인지를 가려내는 시험대이기도 하다. 2007년 미국의 서브프라임 모기지 사태를 신호탄으로 세계 경제는 큰 위기에 처해졌다. 1929년 경제 대공황에 버금가는 대혼란 속에 문 닫는 기업들이 줄을 이었다. 투자 시장은 얼어붙었고 주식은 휴짓조각처럼 구겨졌다. 달러를 쓰는 기업치고 그 여파를 벗어갈 수 있는 기업은 없었고 3M도 그랬다. 탁월한 위기 관리사 조지 버클리 사장 George W. Buckley도 큰 두려움을 느꼈다. 그런데 이때 뇌리를 스치는 생각이 있었다.

'내가 이렇게 두려움에 떠는데 대체 누가 날 리더라고 믿고 따라줄까?'

정신이 번쩍 들었다. 마음을 침착하게 다스렸다. 한 걸음 물러나 지난 100년 동안의 세계 경제 역사를 되짚어봤다. 최대한 평상심을 유지하면서 이 위기가 언제까지 계속될지, 어느 시점에 경기가 회복될지를 연구했다. 그리고 3M의 객관적 문제와 처한 현실을 차근차근 분석했다. 어렴풋이 해결책이 보이는 듯했다. 그는 용기를 갖고 직원들에게 지금의 상황을 설명할 수 있었다. 그리고 위기 관리사답게 3M은 암흑의 터널을 빠져나왔다. 〈포춘〉 선정 500대 글로벌 기업 CEO 가운데 유일한 영국인으로 선정되는 영예를 안았다. 엘리자베스 영국 여왕은 그에게 기사 작위를 수여하며 기업인으로서의 공을 치하했다.

태어난 지 4개월 만에 부모에게 버려졌던 조지 버클리는 할머니와 양어머니 손에 자랐다. 어릴 때 그는 빈혈과 만성 기관지염에 시달리는 허약한 아이였다. 좋지 않은 형편에 아픈 아이를 건사하는 게 꽤 어려웠겠지만 그의 양육자들은 든든한 울타리가 되어줬다.

"할머니는 매우 강하면서 현명한 여자였고, 양어머니는 부드럽고 친절한 분이셨다. 이분들에게 위기의 순간에 평상심을 유지하고 시련을 극복하는 방법을 배웠다."

그는 자신의 평상심에 대해 이렇게 회고했다. ■

084

Open

지미 웨일스(위키미디어)
Jimmy Wales

신대륙을 발견한 콜럼버스가 그 땅의 주민들을 감히 '미개인'이라 판단한 결정적 이유 중 하나는 바퀴가 없기 때문이었다.

서양에서 고대부터 사용해온 바퀴는 자원이나 사람 수송에 유용한 도구로 문명의 상징이었다. 사실 아메리카 원주민들에게도 바퀴는 있었다. 다만 그것을 장난감에 달거나 기도를 위한 장식물로 썼을 뿐이다.

에디슨과 벨이 전하는 교훈은 발명과 사용이 엄연히 다르다는 사실이다. 인터넷도 그랬다. 거대한 통신망은 세계를 전화보다 더빨리, 더 많이, 더 다양하게 소통하도록 만들었다. 여기에 젊은 주식중개인 지미 웨일즈 Jimmy Wales는 인터넷의 개방성을 포착하고 적극 활용했다.

'세상 모든 사람은 자신만의 전문성을 갖고 있을 거야. 그 모든 사람을 백과사전 필진으로 만들자!'

무겁고 비싼 백과사전을 인터넷 무료 백과사전으로 만들어보겠다던 2년의 시도가 실패한 뒤에 얻은 결론이었다.

지미 웨일스는 종잣돈 12만 달러를 탈탈 털어 전문가를 영입했지만 작업은 매우 더뎠다. 막다른 길에서 그는 생각을 바꿨다. 만드는 사람과 보는 사람을 나누는 기존의 지식시장 규칙을 과감히 깬 것이다. 지구의 모든 사람이 참여한다면 역사상 본 적 없는 아주 큰 백과사전이 만들어질 것이라 확신했다.

그렇게 만들어진 위키피디아는 지미 웨일스의 확신을 압도했다. 불과 2주 만에 그가 2년간 만들었던 백과사전의 양을 넘어섰다. 위키피디아는 모든 사람이 함께 만드는 '오픈 소스'의 선두주자가 돼 250개 언어로 된 600만 건의 정보를 축적했다. 230년 역사를 가진 브리태니커 백과사전을 뛰어넘은 지 오래다.

아무나 올릴 수 있는 정보를 얼마나 신뢰할 수 있겠느냐는 우려도 컸다. 하지만 끊임없이 보완책을 강구했고, 저작권자가 된 네티즌들도 계속 자정했다. 과학전문지 〈네이처〉는 브리태니커와 위키피디아를 비교한 뒤 위키피디아의 손을 들어줬다. 양쪽 다 정보의 오류가 발견되긴 했지만 위키피디아의 오류는 지적되는 순간에 즉시 수정돼 다음 개정판을 기다려야 하는 브리태니커보다 더 정확하다는 것이었다.

이런 성공에도 불구하고 지미 웨일스는 이윤에 대해서도 개방

적 태도를 취하고 있다. 세계 8위의 거대 사이트로, 300개 이상의 서버를 사용하며 연간 500만 달러의 운영비가 들지만 배너 광고는 사양한다. 모두를 통해 만들어진 인류 최대의 이 백과사전은 이미 그만의 것이 아니기 때문이다. 지미 웨일스는 "오픈과 혁신만이 세상을 변화한다"고 힘주어 말한다. 그의 생각처럼 어쩌면 그가 한 일은 많은 사람이 편히 오갈 수 있도록 장을 열고 문턱을 없앤 것일 뿐이다.

Open은 4월을 뜻하는 라틴어에서 온 말이다. 생명이 약동하는 달, 4월이면 꽃들이 개화하고 나무들도 겨울에 얼려둔 몸을 녹여 새잎을 틔운다. 사람들도 활짝 창문을 열기 시작한다. Open에는 외부 자극을 받아들이는 것만 기대해서는 안 된다. 내가 가진 것들도 밖으로 흘려보냄을 알아야 한다. 스스로 정보를 받아들이는 대상이자 생산하는 주체가 되는 것이다. 영향을 주고받으며, 촘촘히 연결돼 있다. 그러면서 비로소 World Wide Web 세계에 널리 걸쳐진 거대한 거미집 WWW가 제 의미를 찾는다. ∎

085

계획

브랜치 리키(LA다저스)
Wesley Branch Rickey

전혀 예상하지 못했던 사람이 갑작스레 반전의 드라마를 쓰며 역전승을 이뤄내는 경우가 있다. 하지만 이 '갑자기'는 구경꾼들의 놀라움일 뿐이다. 주인공은 이 순간을 위해 아주 오래전부터 치밀한 계획을 세워 차근차근 준비해왔다.

초라한 성적의 실패한 포수 브랜치 리키 Wesley Branch Rickey는 유능한 감독이 됐지만 선수들을 평가하는 데에는 냉혈한에 가까웠다. 또 지독하게 짠 LA다저스 구단장이었다. '욕심은 죄악'이라는 그의 설교에 몸값 높은 선수들은 참회하고 계약서에 도장을 찍었다. 홈런왕 에노스 슬래터와의 계약 일화는 유명하다.

슬래터는 당시 계약금 일조로 엽총과 사냥개 두 마리를 받았는

데 그만 개들을 바로 잃어버렸다. 나중에 알고 보니 계약금으로 사냥개를 받은 건 슬래터뿐만이 아니었다. 이상한 점은 선수들 하나같이 계약을 마치자마자 사냥개들이 종적을 감췄다는 것이다. 브랜치 리키 단장의 꼼수가 무엇이었는지는 쉽게 상상할 수 있다.

이런 그가 어느 날 갑자기 흑인 선수 재키 로빈슨을 영입했다. 1945년 당시 메이저리그는 백인 선수들만이 뛸 수 있었다. 야구뿐이 아니었다. 흑인과 백인은 화장실조차 따로 쓸 정도로 인종차별이 극심했던 시절이었다. 재키가 백인 선수 동료들 그리고 팬들의 사랑을 받기까지, 메이저리그 최초의 흑인 선수가 되기까지 리키 단장은 뚝심 있는 지원군이 되어줬다.

리키 단장이 흑인 선수 영입의 파격적인 카드를 꺼내 들자 일각에선 돈과 우승에 눈이 먼 선택일 뿐이라고 폄하했다. 하지만 그는 팜 시스템을 만들어 돈으로 움직이는 메이저리그 구단의 허를 찌른 사람이고, 야구에 통계를 접목해 구단 운영에 경제적 효율을 꾀했다. 경제성이 목표였다면 굳이 생명의 위협을 무릅쓰면서까지 흑인 선수를 영입하는 무리수를 두지 않았을 것이다.

"운도 계획에서 비롯된다"는 그의 말처럼 사실 모든 것은 주도면밀하고 치밀한 계획 아래 이뤄졌다. 그가 대학 코치로 있던 시절, 팀 내 최고 선수가 흑인이라는 이유로 원정지에서 숙박을 거부당한 적이 있었다. 주인과의 실랑이 끝에 리키는 그 흑인 선수를 자기 방에 재울 수 있었다. 그리고 그날 밤 검은 피부를 한탄하는 선수의 울음소리를 들으며 리키는 돌아누웠다. 굳은 결심의 씨앗을 뿌리는 밤이었다.

몇십 년이 흘러 1944년, 종신직이었던 야구 총재 캐네소 랜디스가 사망했다. 그는 지독한 백인우월주의자였다. 브랜치 리키는 조용히 준비했던 계획을 실현할 수 있는 절호의 순간을 맞았다. 시즌이 끝나자마자 즉각 재키 로빈슨을 데려왔다.

아무것도 할 수 없는 때가 있다. 힘없는 자신을 확인하며 한없이 작아지는 때가 있기 마련이다. 그리고 이때야 말로 계획을 세울 때다. 암담한 상황이 길어질수록 계획은 더욱 치밀해진다. ■

086

공략

호리바 마사오(호리바제작소)
堀場雅夫

원래 전쟁 전술 용어인 공략이 현대에는 적극적인 자세로 어떤 영역이나 사람을 자기 것으로 만드는 것을 가리킨다. 하지만 모든 과감한 행동이나 시도를 '공략'이라 부르진 않는다. 공략은 전면전과 달리 특정한 것을 타깃 삼아 들어간다. 그리고 공략할 만한 '특정한 것'을 찾아내는 게 바로 승리의 포인트다.

일본 벤처기업의 효시 호리바제작소는 1945년 창립 이래 단 한 번도 적자를 낸 적 없는 기이한 회사다. 일본이 일으켰던 전쟁은 미국에 의해 대학 실험기구 완전 폐기로 이어졌다. 교토대학 물리학도였던 호리바 마사오 堀場雅夫는 이로써 학자의 꿈을 접어야 했다. 대신에 직접 연구 장치 만들기에 나섰다. 일본 최초의 학생 벤

처였다.

　호리바제작소는 세계 자동차 계측기 시장 85%를 차지하고 있다. 사실 호리바제작소는 자동차 계측기를 제외하고는 분야를 종잡을 수 없을 만큼 다양한 것들을 만들어낸다. 자동차 계측기도 원래 만들던 심폐측정기를 개조한 것이다. 심폐측정기도 잘 나갔지만, 배기가스에 대한 염려가 세계적으로 높아지자 방향을 틀었다. 최근에는 동물용 혈당 측정기를 개발했다.

　'호리바제작소'라는 이름에 걸맞게 시대에 따라 필요한 물건을 예측하고 재깍재깍 만들어낸다. 시장의 빈 부분을 공략하며 쉴 새 없이 파고드는 것이다.

　2011년 후쿠시마 원전 방사능 유출 사고 여파로 일본의 많은 제조업체는 사업을 축소했다. 그러나 호리바제작소는 이를 역이용했다. 가정에서 이용할 수 있는 방사능검출기를 만든 것이다. 이런 힘으로 호리바제작소는 다시 한 번 최대 수익을 경신했다.

　세계 30여 곳에 지사를 두고 있는 호리바제작소가 신입사원을 뽑을 때 가장 먼저 하는 질문이 있다. 바로 "당신은 남과 다른 어떤 특별한 점을 갖고 있습니까?"이다. 호리바 마사오 회장은 모난 돌, 주머니 속 뾰족한 못과 같은 사람을 선호한다.

　"남과 같이 둥글둥글하면 특별하지 않다. 모나 있을수록, 더 뾰족할수록 틈새를 공략해 파고들 수 있다."

　공략을 위해서는 자기가 가진 각을 더 날카롭게 세우는 게 중요하다. 공략은 전면전이 아니다. 점령도 아니다. 포인트로 파고드는 것이다.■

087

공상

월트 디즈니(월트디즈니컴퍼니)
Walt Disney

상상은 창조의 발판이다. 경험한 것들에 소망을 담아 현실로 구현해내는 마법 가루다. 그에 반해 공상은 현실도피다. 연속성 없고 비현실적인 공상은 짜릿한 쾌감을 주지만 자칫 병적인 망상이 된다. 이리저리 비틀고 돌려 맞추는 상상은 적극 권장되지만 멍한 시선에 턱을 괸 공상은 핀잔거리다.

하지만 이따금 상상을 이룩할 만큼의 기억이 없는 사람들도 있다. 지극히 불행한 현실이라면 공상의 작은 창문으로나마 숨통 틔워야 하는 것이다. '꿈과 환상'의 세계를 이룩한 마법사 월트 디즈니 Walt Disney가 그랬다. 미술학교에 다니고 싶었지만 당장 먹을 빵조차 없이 가난했다. 술주정뱅이 아버지는 어린 아들에게 주먹을 휘두르기 일쑤였다. 디즈니는 휘적휘적 그림을 그리거나 찰리 채플린을 흉내 내며 스스로 웃기 위해 애썼다. 비루한 하루를 빨리 보내는 방법이었다.

배운 적 없는 그림을 들고 본격적으로 작업을 시작했다. 남의 집 차고가 그의 작업실이고 보금자리였다. 그의 그림은 번번이 퇴짜 맞았고, 유독 말 없던 그가 작업실에 틀어박혀 지내는 시간은 더 길어졌다.

디즈니 혼자만의 꿈과 환상의 세계를 종종 방문한 이가 있었는데, 바로 한 마리의 생쥐였다. 매일 먹을 것을 찾아다녀야 하고, 친구도 없이 사람들에게 내쫓기는 생쥐는 곧 디즈니 자신이었다. 그래서 그는 저녁거리 빵을 한 조각씩 떼어 생쥐 몫으로 놓아두곤 했다. 흠뻑 비를 맞고 들어온 생쥐를 헝겊으로 닦아주면 녀석은 디즈니의 마음을 아는 듯 무릎에 얌전히 앉았다. 디즈니는 공상 속에서 생쥐와 두런두런 이야기를 나눴다.

'우리가 여행을 간다면 어떨까?'

'여자 친구가 필요하지 않아?'

매일 매일 찾아오는 생쥐로 인해 그의 공상 스토리는 계속됐다. 월트 디즈니를 현실 세계로 불러낸 미키 마우스는 이렇게 탄생했다.

사실 알려진 것과 달리 월트 디즈니의 그림 실력은 그다지 좋은 편이 아니었다. 미키 마우스 역시 이후 다른 작가의 손을 거쳐 재탄생했고, 월트 디즈니의 대표적 작품이나 캐릭터도 실제로 그가 그린 것은 아니다.

하지만 월트 디즈니는 뛰어난 기획력이 있었다. 그는 자신이 그러했듯이 어려운 처지의 사람들이 어떤 이야기를 원하는지 아주 잘 알고 있었다. 힘든 현실을 깡그리 잊을 수 있는, 모험과 재미 그리고 기쁨과 보람이 충만한 동화의 세계 말이다. 그는 가난한 환경과 슬픈 어린 시절을 극복해 큰 성공을 이룬 사람답게 많은 명언을 남겼다. 꿈을 이루고, 용기를 가지라는 내용이다. 그에 가장 빛나는 말이 있다.

"사람들은 어두울 때 별을 본다."

어두울수록 별은 더 선명히 빛난다. 목표로 한 그 길목을 계속 지키고 서 있으면, 소원을 이뤄주는 유성이 머리 위로 쏟아진다. ■

088

목표

류촨즈(레노버)
柳傳志

목표는 도달할 곳이 어디인지를 알고 지향하는 것이다. 목표를 가지면 넓게 흐트러진 시야를 집중력 있게 모을 수 있다. 한눈팔지 않고 그곳을 향해 한 걸음 한 걸음 축적하게 된다. 그래서 뚜렷한 목표를 가진 사람들은 허송세월하지 않는다. 설령 운명의 장난에 걸려들어도 이내 빠져나온다. 목표의식은 '꿈'과 대등하게 강조된다. 문제는 어떤 목표를 세울 것인가에서 발생한다. 그것은 미래를 내다보되 아주 선명해야 한다. 또 물질과 같이 손에 쥘 수 있는 것을 목표로 삼다가는 그간의 수고가 물거품처럼 사라지는 광경을 보게 될 수도 있다. 중국 IT 업계의 스승 류촨즈 柳傳志 회장은 아주 비싼 값을 치르고 목표의 중요성을 깨달았다.

그는 1984년 중국과학원 연구원 시절 연구소의 경비 초소를 빌려 사업을 시작했다. 공장에서 물건을 떼다가 시장에 팔면서 중국의 개혁 개방 물결에 올라탔다. IBM 컴퓨터 500대를 중간 납품하면서 류촨즈 회장은 중국 내 전자제품 판매 시장의 성공을 확신했다. 1년 사이 300만 위안 흑자를 낸 것은 기록도 아니었다. 인구대국 중국답게 큰 시장의 엄청난 수요는 레노버를 초고속으로 성장시켰다.

그 탄성으로 류촨즈 회장은 레노버 공장에서 직접 생산한 제품으로 컬러 TV 열풍에 동참했다. TV는 날개 돋친 듯 팔렸는데 결과적으로 악재의 시작이었다. 기술연구원 출신이었던 그는 모든 제품에 세금이 포함돼 있다는 사실을 모른 채 TV 가격을 책정했다. 수익에서 세금을 제하고 나니 레노버는 엄청난 금전 손실을 보았다. 이를 메우기 위해 그는 농장에서 직접 채소를 사와 시장에 팔았는데 손실을 메우기엔 역부족이었다. 전자시계와 롤러블레이드 등 눈에 보이고, 돈이 되겠다 싶은 것들은 모조리 판매했다. 이로써 레노버는 회사 간판을 떼어내지 않을 수 있었지만 그뿐이었다. 정체성이 모호한 레노버에는 미래가 없었다.

그제야 류촨즈 회장은 자신에게 목표가 없었다는 사실을 깨달았다. 당장에 돈이 되지만 장래성 없는 사업들은 모두 정리하고 그는 컴퓨터 개발에 매달린다. 1990년 마침내 286컴퓨터를 자체 생산해냈다. 중국인들의 생활 습성과 편의가 철저히 고려된 레노버의 저가 컴퓨터는 대환영을 받았다. 이내 중국 1위의 컴퓨터 제조업체로 올라선 레노버는 급기야 2005년에는 IBM의 PC사업부를 인수해 세계를 경악게 했다.

류촨즈 회장은 제대로 된 목표를 가져야 문제를 뚫고 나갈 힘이 키워진다고 말한다. 그가 세운 뚜렷한 목표는 레노버를 탄탄한 지적 재산 보유 기업으로 견고히 했다. 6,500여 개의 특허를 세계에서 인정받고 있으며 이 가운데 5,000여 개는 연구개발자들이 만든 발명 특허다.

2011년 은퇴한 류촨즈 회장은 지금 또 다른 목표를 향해가고 있다. 농업의 시대가 다시 찾아오리라는 전망 아래 농업 생산 분야에 신기술을 접목하고 있다. 그것이 무엇이 될지, 어떤 모습으로 세상에 공개될지는 아무도 모른다. "기업의 역량은 막대기를 세우는 것처럼 빨리 올리기보다 성을 쌓듯이 한층 한층 올리는 게 중요하다"는 자신의 말을 그대로 실천하고 있을 뿐이다. 분명한 쓰임을 알아야 그에 맞는 돌을 올릴 수 있다. ■

문제

브라이언 체스키 · 조 게비아(에어비앤비)
Brian Chesky · Joe Gabbia

'문제'라는 단어에는 근심이 들어 있다. 그래서 '해결하
다', '벗어나다'처럼 문제를 멀찌감치 떨구려는 의지의 동사가 뒤
따르곤 한다. 하지만 여기, 문제를 적극적으로 끌어안는 것으로도
부족해 감정을 이입하고 '결혼'한 사람들이 있다.

전문 디자인학교를 졸업하고 호기롭게 사업가를 꿈꿨으나 월세
조차 곤궁하게 된 두 청년 브라이언 체스키 Brian Chesky 와 조 게비
아 Joe Gabbia. 이제 두 사람은 취업하거나 각자 고향으로 돌아가야
만 했다. '무엇을 창조해서 세상에 변화를 주고 삶을 풍요롭게 만
들 수 있을까'라는 즐거운 고민은 경제적 압박으로 마감 시간이
다가왔다.

이 시간을 조금 더 이어보고 싶다는 몸부림으로 두 청년은 작은 아이디어를 냈다. 인근에서 열린 큰 행사 참가자 중 아직 숙소를 구하지 못한 사람들에게 거실을 빌려준 것이다. 잠자리와 아침 식사 제공, 여기에 가이드 역할까지, 손님들은 엄지손가락을 치켜세우며 만족했다. 그렇게 두 청년은 월세를 해결할 수 있었다. 급한 불을 끈 그 자리에서 이들은 보석 같은 아이디어를 발견했다.

'우리처럼 돈이 필요한 집주인들이 더 있지 않을까?'

'내가 여행객이라면 바로 이런 곳에서 머물고 싶을 거야.'

이 둘을 연결하는 게 사업이 될 수 있다는 사실을 깨달은 것이다. 더욱이 이 사업은 공유경제와 협력적 소비로, 기존 숙박업의 틀을 깨는 의미 있는 일이었다. 하지만 반응은 시원찮았다. 낯선 이를 집에 들여야 하는 주인의 불안함, 괴상한 집주인의 위험한 초대가 아닐까 하는 여행객들의 걱정, 그리고 이 아이템이 과연 수익성을 낼 수 있는가라는 염려였다.

두 사람은 우선 하버드대학교 컴퓨터공학과를 나온 친구를 기술자로 영입했다. 그리고 6개월 뒤, 이 월세 집에 반백수로 곤궁한 청년은 셋으로 늘었다.

이들은 '사업이 왜 안 되는가'라는 문제에 집착하고 또 집중했다. 웹을 적극 활용해 네트워크를 넓히고, 집주인과 여행객들의 페이스북 평판 시스템을 활용했다. 이들의 숙소 매칭 사업은 조금씩 탄력이 붙었다.

그러던 차에 '문제'는 도사리고 있었다는 듯이 현실로 나타났다. 여행객을 가장한 도둑이 가정집을 쓸고 간 것이다. 모두들 '역시

나' 하는 반응이었다. 하지만 이들은 도난 사건 발생 시 최대 10억 원을 배상하는 보험 제도를 마련했다.

누구든 집의 여유 공간을 빌려줄 수 있고, 누구든 빌려 쓸 수 있는 세계 192개국, 3만 5,000여 개의 도시에 30만 개 이상의 숙소가 끈끈히 연결된 세계 최대 숙박 공유서비스 에어비앤비는 이렇게 성장했다.

공동창업자인 이들은 "문제와 결혼해야 한다"고 말한다. 문제를 찾아내 최대한 끌어안고 누구도 할 수 없는 방식으로 감정이입하며 다루는 것이다. '문제'에 대한 새로운 접근이다. ■

090

변신

찰스 홀리데이(듀폰)
Charles O. Holliday Jr.

경제전문지 〈포브스〉가 창간 70주년을 기념해 70년 전의 100대 기업을 발표한 적이 있다. 노인들은 한때 명성을 날렸던 기업 이름을 곱씹으며 추억에 잠겼지만, 경제전문가들과 경영인들은 큰 충격을 받았다. 절대 무너지지 않을 것 같았던 기업 중 살아남은 건 단 18곳에 불과했다.

"변신을 하면 생존 확률이 60~70%이지만 변하지 않으면 반드시 죽는다."

마치 생물학자의 명언 같은 이 말은 듀폰의 찰스 홀리데이 Charles O. Holliday Jr. 회장의 비장한 외침이다. 그가 회장으로 취임하던 1998년 듀폰은 사회적 입지가 점점 좁아지고 있었다.

1802년 화약제조로 출발한 듀폰은 남북전쟁에 질 좋은 화약을 납품해 큰돈을 벌었다. 이 돈을 들고 일찍이 석유화학사업에 뛰어들었다. 인류 역사의 대히트 상품인 나일론 개발을 시작으로 화학섬유회사로 변모했다. 듀폰의 200년 역사 속에는 인간과 환경에 대한 기업가로서의 고민은 찾아보기 힘들었다. 석유를 근간으로 하는 많은 기업 가운데 듀폰이 종종 뭇매를 맞았던 건 이런 배경 때문이다. 하지만 '환경 파괴자'라는 오명을 벗어버리기에는 수익이 만만찮았다. 그럼에도 불구하고 시장에 필요한 만큼의 변화들로 200년을 살아남은 회사다.

찰스 홀리데이 회장은 그러나 과감히 그것을 벗어버렸다. 회장에 취임하면서 석유회사 코노코부터 매각했다. 7년에 걸쳐 석유기반 사업을 모조리 정리해나갔는데 마침내는 전체 매출의 25%를 차지하는 섬유사업부마저 팔았다. 그리고 '그린 스마트 기업'을 목표로 생명공학과 대체에너지를 활용한 특수 소재 연구 및 생산에 주력했다.

홀리데이 회장의 과감한 행보는 도박이었고, 그 어느 경제도박사도 그의 승리에 판돈을 걸지 않았다. 하지만 채 10년도 안 돼 듀폰의 바이오사업은 70억 달러의 매출을 올렸다. 변신을 위해 벗어버린 허물이 전혀 아쉽지 않을 만큼의 성공이다. 또한 세계에 분포된 75개의 연구기관에서 저마다의 변태를 거친 비행을 준비 중이다.

변신은 변화와 다르다. 변화가 지금의 형태를 유지한 채로 한 발짝씩 나아가는 거라면, 변신은 할 수 있는 한 버려야 가능하다. 슈퍼맨으로 변신할 순 있지만 변화할 순 없는 법이다. ▪

091

본질

하워드 슐츠(스타벅스)
Howard Schultz

본질은 사물이 가진 고유의 성질이다. 이 특성을 잃으면 사물은 존재의 이유를 잃은 껍데기다. 본질을 뜻하는 Essence가 '존재하는 것'이라는 라틴어 Esse에 뿌리를 둔 것도 그런 연유다.

하워드 슐츠 Howard Schultz는 이탈리아 밀라노 거리에 즐비한 작은 에스프레소 바에서 커피의 본질을 찾아냈다. 본연의 맛과 향, 소소한 대화를 곁들여 음미할 때에 비로소 커피가 된다는 사실을 말이다. 하워드 슐츠는 커피 문화를 재구성하며 스타벅스를 커피의 대명사로 만들었다. 이 저렴한 사치에 사람들은 환호했다. 한 해 매출 66억 달러를 거둬들였다. 2000년 하워드 슐츠는 CEO직에서 물러났다.

스타벅스의 몸집은 더욱 커졌다. 2007년엔 1만 3,000개의 스타벅스가 있었고, 거기에서는 책과 CD를 팔았다. 그런데 이상하게도 주가는 계속 하락세였다. 스타벅스 매장을 열고 싶다는 가맹주는 끊이지 않았지만 손님들의 방문은 뜸해졌다. 2008년 스타벅스는 경영일선에서 물러난 하워드 슐츠를 급히 다시 불러냈다.

하워드 슐츠는 스타벅스를 살폈다. 그리고 오래전에 밀라노에서부터 가져왔던 커피의 본질이 실종됐다는 걸 간파했다. 그의 지시에 따라 미국 전역 7,000여 개 스타벅스 매장이 일제히 셔터를 내렸다. 간간이 찾아온 손님들은 'We're taking time to perfect our art of espresso'라는 안내문을 보고 발길을 돌렸다. 3시간 영업 폐쇄로 스타벅스는 600만 달러의 손실을 보았다. 그 시간 동안 스타벅스 직원들은 동영상으로 커피 교육을 다시 받았다.

슐츠 회장은 위기에 처한 스타벅스에 커피의 본질을 되찾도록 했다. 신제품 개발이나 마케팅은 부차적인 것으로 출구가 될 수 없다는 것이었다. 그는 방황하는 스타벅스에 '영혼이 있는 회사를 만들자'는 목표를 제시했다. 이날의 손실액은 고객 만족도 수직 상승과 함께 2010년 100억 달러라는 사상 최대의 매출로 보상받았다.

비틀즈는 라이브 역사상 최대 규모의 공연을 한 뒤 존재의 의미를 잃었다. 뉴욕 시어 스타디움을 가득 메운 5만 5,000명의 팬들은 비틀즈에 열광했다. 하지만 그 가운데서 비틀즈는 자신들이 연주하는 곡을 들을 수 없었다. 비틀즈 해체의 시작이었다.

본질을 갖기란 그리 어려운 일이 아니다. 하지만 커져가는 존재에 본질이 잠식당하는 건 순식간이다. ▪

092

소셜 픽션

무하마드 유누스(그라민뱅크)
Muhammad Yunus

가난은 발에 채였다. 1억 6,000만 명 세계 8위의 인구 대국 방글라데시는 세계 최빈국의 다른 이름이다.

미국에서 학위를 받고 고향으로 돌아온 경제학과 교수님은 '팔자 좋은 백수'라는 조롱을 받았다. 릭샤꾼의 삿대질이건 광주리 상인의 비웃음이었건 진흙 벽돌 만드는 이들의 부러움이었건 간에 사실 그건 길을 묻는 외침이었다. 뿌리 깊은 가난에서 벗어날 수 있는 방법 말이다.

생산수단이나 자본이 없는 이들이 오늘의 밥값을 버는 방법은 몸을 쓰는 것이다. 온종일 대나무 의자를 엮어 내다 팔았다. 하지만 의자를 만들 재료는 무슨 돈으로 사겠는가. 의자는 5타카 50페이사에 팔렸지만 고리대금업자에게 원금과 이자를 주고 나면 이들이 손에 쥐는 일당은 50페이사(한화 40원). 결국 돈을 버는 건 고리대금업자뿐이다. 담보도 보증인도 없는 가난한 사람들에게 은행은 돈을 꿔주지 않았다. 그건 제도이고, 규칙이다.

"상상해야 변화가 일어난다."

무하마드 유누스 Muhammad Yunus는 대출의 기본 공식을 과감히 깼다. 적은 돈이라면 담보나 보증 없이도 빌려줄 수 있지 않을까. 오로지 가난하다는 것만 입증하면 대출받을 수 있는 그라민뱅크는 이렇게 탄생했다.

최대 한도 150달러였다. 매우 적은 돈이지만 사람들은 이 돈을 대출 받아 소를 샀고, 농기구를 구입했고, 천을 짤 기계를 임대했다. 담보나 보증이 없는 데도 상환율 99%에 육박하는 기현상이 나타났다. 그라민뱅크는 지난 30여 년간 방글라데시 인구 10%가 이용해오고 있으며, 이 은행 시스템은 세계 100여 개국 250곳 이상에 도입돼 운영되고 있다. 무하마드 유누스는 자신의 소셜 픽션 (Social Fiction) 개념을 이렇게 증명하며 2006년 노벨 평화상을 받았다.

소셜 픽션의 핵심은 희망하는 결말을 만들고 거기에 맞춰 상상하는 것이다. 공상과학 소설이 결국 과학을 움직이고 기술을 만들어낸 것처럼 말이다. 그리고 그 희망이 필요한 많은 사람들이 상상에 동참해 마침내 현실로 만들어내는 게 바로 소셜 픽션이다. 그리고 역사다. ■

093

우선순위

폴 오닐(알코아)
Paul O'Neill

나무의 겨울 채비는 양분의 효율적 사용 계획에서부터 시작된다. 햇빛은 줄어들고 꽁꽁 언 땅에 단비는 흘러들지 않는다. 이듬해 봄에 재탄생하기 위해 한정된 에너지로 버텨야 한다. 잎의 영양분을 줄기로 또 기둥에서 뿌리로 옮겨오고, 낙엽을 떨어뜨린다. 심지어 낙엽을 떨어뜨리는 데도 순서가 있다. 성장호르몬 분비가 가장 먼저 끝나는 이파리들부터, 줄기 안쪽에서 바깥으로 낙엽을 만들어 몸에서 떨궈낸다. 이렇게 하지 못한 나무는 마른 이파리를 잔뜩 단 채 죽어버리고 만다. 자연의 섭리는 겨울이라는 위기 앞에서 살아남을 수 있는 지혜를 일러준다.

위기는 혼란을 수반한다. 일의 책임자들은 꼬리를 감추고, 사태를 파악할 수 있는 정확한 정보들 대신 불안을 부추기는 소문들이 떠다닌다. 심각한 얼굴을 한 간부들 아래 직원들은 우왕좌왕한다. 위기를 돌파해야 한다는 큰 목표는 같지만 방법은 저마다 다르다. 이때 CEO의 역할은 우선순위를 정해 구성원들이 함께 매진하게 하는 것이다. 그가 정한 비상용 이정표는 위기 상황 이후에도 기업 성장의 훌륭한 발판이 된다.

1987년, 알루미늄 제조업체 알코아는 기업 창립 100주년을 준비하며 처음으로 외부에서 전문경영진을 불러들였다. 당시 알코아는 물가상승률에 못 미치는 더딘 걸음으로 겨우 체면치레만 하고 있었다.

"땅 위에 말뚝을 박았다"는 경영자 폴 오닐 Paul O'Neill의 회고 그대로 알코아는 새로운 사장 아래서 재정비했다. 그는 여타 기업인들과 달리 마진율이나 매출, 주가에 연연하지 않았고 품질 향상 등을 목표로 삼지 않았다. 최우선은 노동자들의 안전이었다. 1,500℃가 넘는 금속을 다루고, 사람의 팔을 끊어버릴 수 있는 기계 앞에서 일하는 알루미늄 제조업 종사자들을 십분 헤아린 처사였다.

"가족을 먹여 살리겠다고 목숨을 걸 수야 없지 않겠습니까? 그래서 내가 집중하기로 결정한 것은 모두의 안전 습관을 바꿔놓는 것입니다. 누구나 출근할 때와 마찬가지로 안전하게 퇴근해야 합니다."

도덕이나 미덕 또는 기업의 가치랄 것도 없이 너무나 당연해 보였던 안전은 알코아의 최우선 목표가 됐다. 산업재해 제로에 도전한 폴 오닐은 인사 고과 및 승진에도 안전을 1번 평가항목으로 만들었다. 각 부서 책임자들은 현장을 더욱 세심히 살폈고 현장 노동자들은 회사의 보살핌과 배려를 받으며 눈에 띄는 노동 향상성을 이뤄냈다. 폴 오닐은 투자자들이 모인 자리에서도 비상구 위치를 제일 먼저 일러주며 알코아의 안전제일주의를 각인시키기도 했다.

그 결과 알코아는 1년 만에 100년 기업 역사상 최고 수익을 올렸다. 폴 오닐 회장이 부시 행정부의 재무장관으로 부름 받아 가기 전까지 알코아는 시가 총액 270억 달러를 웃도는 폭풍 성장을 이루었다. ■

094

이타와 공생

이나모리 가즈오(KDDI · JAL · 교세라그룹)
稲盛和夫

"눈앞의 이익을 양보할수록, 함께 살기 위해 노력할수록 더 크게 성장하고 공존할 수 있다."

이나모리 가즈오 稲盛和夫 회장의 경영 이념은 단지 선한 인간으로서의 지향점이 아니다. 그것은 실행의 동력이고 목표와 목적이 일체가 돼 이뤄진다는 걸 수차례 증명해왔다. 1980년대 통신회사 다이니덴덴(DDI, 현 KDDI)을 세웠을 때도 그랬다.

당시 통신 시장은 국유기업인 일본전신전화공사가 독과점으로 장악하고 있었다. 하지만 통화 품질이나 서비스는 형편없었고 그에 반해 가격은 턱없이 비쌌다. 전화는 직접 오갈 수 없는 사람 간의 거리를 좁혀주는 기술이다. 그런데도 비싼 요금 때문에 고향 집에 전화할 수 없는 직원들을 보며 이나모리 회장은 장거리 요금만큼은 반드시 내려야겠다고 마음먹었다.

주변의 만류가 잇따랐다. 국유기업에 맞서야 할 뿐만 아니라 지역별로 영세한 규모의 통신회사들과도 크고 작은 전쟁을 치러야 했기 때문이다. 하지만 DDI는 전쟁을 하지 않았다. 소규모 통신회사가 요구하는 지역을 양보하고 원하는 만큼을 지불했다. 눈에 뻔히 보이는, 그야말로 손해 보는 장사였다. 그러면서 DDI는 서서히 세를 확장했고 일본 2위의 통신업체가 됐다. 이나모리 회장이 바랐던 것처럼 통화료는 내려갔고 품질은 향상됐다.

경쟁이 기본인 시장에서 이타와 공생이 어떻게 생존에 작용하는 걸까. 이나모리 회장은 이런 비유를 든다. 배고픈 두 사람 앞에 떡이 있다. 이기적인 사람은 주저 없이 가져가 제 입에 넣을 것이고, 배려심 있는 사람은 그 떡을 먹지 않을 수도 있다. 보통 이렇게 생각하기 때문에 이기적인 사람이 배부를 거라고 생각한다. 하지만 배려심 강한 사람은 주변에 굶주린 많은 사람이 있다는 걸 안다. 몇백, 몇천 명의 가난한 이들에게 떡을 가져다주기 위해 그는 이기적인 사람에 비해 더 빨리 떡을 가져가고 그것을 나눌 수 있다.

선한 것은 단지 아름답기에 칭송받는 게 아니다. 그 선함으로 함께 살 수 있기에 빛을 발한다. ■

095

자존심

메리 케이 애시(메리케이)
Mary Kay Ash

이보다 더 나쁠 순 없다. 한량 같았던 첫 번째 남편과 헤어지고 택한 두 번째 남편은 하루아침에 심장마비로 사망했다. 메리 케이 애시 Mary Kay Ash가 회사를 설립하기 한 달 전이었다. 죽은 남편은 회사 설립을 설계하며 재정 전반을 담당하고 있었다. 삶의 반쪽을 잃은 그녀는 동시에 꿈을 실현할 기회도 통째로 빼앗겼다.

그녀의 꿈, '드림 컴퍼니'는 여성도 차별받지 않고 자존심을 지키며 다닐 수 있는 직장이었다. 11년간 밤낮없이 일하며 집보다 정든 회사에 사표를 던지고 나왔다. 노하우를 전수하고 독려했던 후배가 남자라는 이유로 상사인 그녀보다 두 배나 많은 보수를 받고 있었다는 사실을 알고 그녀는 분노하고 좌절했다.

1960년대 미국은 여성에게 투표권이 있기는 했지만 사회적 차별은 여전했다. 그녀는 자신의 이야기를 책으로 쓰려다가 문득 이만큼의 경력과 업무 능력으로 회사를 만들면 어떨까라는 생각을 했었다. 이익과 손실(Profit and Loss)의 P&L이 아니라 인간과 사랑(People and Love)의 P&L이 중심인 여성들의 회사 말이다.

남편의 장례식이 끝난 뒤 주변 사람들은 그녀에게 회사 설립 계획을 취소하라고 조언했다. 전 재산 5,000달러를 들고 남자들의 비즈니스 세계로 뛰어드는 건 누가 봐도 끝이 뻔했다. 메리 케이 애시는 늘 마음에 새겼던 어머니의 조언을 떠올렸다.

"넌 할 수 있어. 네가 할 수 없다면 세상 누구도 할 수 없는 거야."

사회적 차별과 짓궂은 운명을 그냥 이렇게 받아들이기에 너무도 자존심 상하는 일이었다. 그래서 그녀는 보란 듯이 전 재산을 탈탈 털어 회사를 열었다. 1963년, 13일의 금요일에 말이다.

미국 스킨케어 1위 화장품 업체 메리케이는 이렇게 '마녀처럼' 탄생했다. 차별과 억압이 만연한 시대였으니 그 기준의 도덕에 고분고분한 건 스스로 자존심을 낮추는 것이기 때문이다. 메리 케이 애시가 사업을 해나간 면면을 살피면 고귀한 자존심이 있다. 그녀는 직원들을 여왕처럼 대우했다. 최고의 뷰티 컨설턴트에게 수여하는 핑크색 캐딜락은 여왕에 걸맞은 선물이고, 여성 비즈니스 성공 시대의 상징이다. 지금까지 핑크 캐딜락을 받은 여성은 1만 2,000여 명, 세계 37개국에 180만 명의 뷰티 컨설턴트들이 여왕의 자리에 오를 날을 고대하고 있다.

메리 케이 애시 회장은 헨리 포드, 빌 게이츠 등과 함께 '미국을 만든 비즈니스 영웅 20인'으로 꼽힌다. 여성으로서는 그녀가 유일하다.

"당신은 여성의 틀에 갇혀 있어요"라고 말하는 남성들에게 메리 케이 애시는 이렇게 대꾸하곤 했다.

"그러니까 특별하죠. 하나님은 아담을 습작으로 만들어본 뒤에 진짜 작품 이브를 만들었답니다." ■

096

정체성

안젤라 아렌츠(버버리)
Angela Ahrendts

날실을 우능직으로 짜서 특수 방수가공을 한 면직물이 '바바리'다. 바바리 천에 체크무늬를 얹고 디자인을 입힌 '버버리'는 트렌치코트의 대명사가 됐다. "영국이 낳은 것은 의회 민주주의와 스카치 위스키, 버버리 코트다"라는 창업자의 말에는 자부심이 담겨 있다. 하지만 저가의 모조품들과 고루한 디자인 탓에 버버리는 150년 역사와 함께 노쇠했다. 매장과 생산 공장, 디자이너들 사이에 돌던 버버리 위기설은 마침내 이사회에까지 올려졌다. 버버리는 2006년, 패션업계에서 잔뼈가 굵은 안젤라 아렌츠 Angela Ahrendts를 새 CEO로 영입했다.

젊은 여성 CEO가 착석한 가운데 첫 임원회의가 열렸다. 60여

명의 임원은 저마다 버버리의 위기를 토로했다. 이야기를 듣던 아렌츠는 이상한 점을 발견했다. 버버리의 역사와 위기 돌파를 찾는 임원 중 그 누구도 버버리를 입지 않았기 때문이다. 이 자리에서 안젤라 아렌츠는 '만드는 사람들조차 입지 않는 브랜드의 정체성 찾기'를 천명했다.

정체성은 존재의 본질이 아니다. 그 본질을 '깨닫는 것'이다. 아렌츠는 150년 전, 창업자가 직접 쓴 흘림체 버버리 로고를 다시 들여오는 것으로 첫걸음을 뗐다. 버버리가 어디에서부터 어떻게 출발했는가를 함께 인식하자는 상징적인 행보였다.

여기에 그녀는 현대적 기술을 더했다. 명품 브랜드 최초로 IT 기술을 결합해 세계 5대 도시에 3D 패션쇼를 생중계했다. 웹사이트에 소비자들이 트렌치코트 입은 사진을 직접 올리도록 해서 젊은 세대를 잡았다. 아렌츠에겐 패션업계의 스티브 잡스라는 수식어가 붙었다. 그녀가 취임하고 버버리 주가는 5년간 186% 올랐고, 매출은 배로 늘었다. 아렌츠는 영국 최고의 연봉을 받는 CEO가 됐다.

그리고 아렌츠는 스티브 잡스가 떠난 애플의 CEO로 영입됐다. ■

097

정직

헤비에른 한손(노르딕아메리칸탱커스)
Herbjorn Hansson

정직은 바르고 곧은 성품, 마음에 거짓이나 꾸밈이 없는 것이다. 좋은 환경에 평온한 상태일 때 정직은 어렵지 않다. 굳이 거짓으로 덧씌우지 않아도 되기 때문이다. 하지만 위기 상황에서 사람은 달라진다. 미리 계획하지 않았어도 잘못을 덮고 위기를 모면하기 위해 무심코 거짓말을 한다. 하지만 우리 모두는 안다. 그렇게 덮어버린 문제는 이내 또다시 등장한다는 것을. 작은 불씨는 걷잡을 수 없이 커진 화마가 되어 덮쳐온다.

노르딕아메리칸탱커스(이하 NAT) 창립자 헤비에른 한손 Herbjorn Hansson 회장은 감히 월가를 꾸짖을 수 있는 사람이다. 8억 달러가 넘는 글로벌 1위의 원유 운수회사 NAT는 1989년 창립 이래 무차

입 경영을 고수하며 성장했다. 남의 돈 빌린 게 없으니 미국발 금융위기나 유럽 재정위기로부터 비교적 자유롭다. "정직해야 신뢰를 얻을 수 있고 이로써 사업의 지속성이 확보된다"는 한손 회장의 경영 신념으로 NAT는 자본주의 망망대해를 유유히 가로질렀다.

대공황기의 교훈을 잊은 월가는 사업가와 투자자들의 환상에 의존했고, 그 거품이 걷힌 뒤에야 실제 현상이 나타났다. 파산한 서민들에게 금융투자자들은 이보다 더 나쁠 수 있었으나 가까스로 최악의 위기는 면했다고 위로 아닌 위로를 건넨다.

월가의 'Too big to fail', 대마불사(大馬不死)란 외침에 기업들은 빚을 끌어모아 몸집을 불려 왔다. 그런 면에서 한손 회장은 정직한 기업을 강조한다. 정말 가치 있는 일에는 마땅히 투자자가 생기고, 회사는 투자의 이윤을 정직하게 나눠주면 된다. 그뿐이다.

'정직이야말로 최선의 방어책'이라는 선인들의 가르침은 실물경제에도 적용된다. 우리나라에는 정직과 신용으로 무장한 개성 상인들이 있었다. 무차입 경영, 신뢰 경영, 한우물 경영을 덕목으로 삼은 이들은 조선왕조 500년 동안 스스로 힘으로 경제를 일으켜 세웠다.

윤리경영 전문가 낸 드마스는 정직한 사람은 부정직한 이들에게 위협적 존재라고 말한다. 그래서 때때로 정직한 행동은 억울한 누명을 쓰기도 하고 곡해의 대상이 되기도 한다. 하지만 끝내 가치를 발하는 건 정직이다. 윤리적 기업이 비교 대상이 되는 기업들보다 2~3배 높은 이익을 올리며 경쟁 우위를 갖는 이유이다. ∎

098

중압감

제프리 카젠버그(드림웍스)
Jeffrey Katzenberg

1998년 영화 '개미'와 '벅스 라이프'가 극장에 나란히 걸렸을 때 관객들은 혼란스러웠다. 둘 다 애니메이션인데다 곤충 세계를 배경으로 주인공 개미를 내세웠으니 말이다.

"달라진 점이 있다면 이번엔 내가 스스로 선택했다는 거야."

주인공인 일개미 제트의 목소리가 상영관에 울려 퍼지는 동안 작품을 제작한 제프리 카젠버그 Jeffrey Katzenberg는 배탈로 인해 화장실에 갇혀 있었다. 극도의 중압감에서 온 초조함 때문이었다. '개미'는 그가 만든 드림웍스의 첫 작품으로 디즈니(픽사)의 '벅스 라이프'에 대한 도전이었다. 더욱이 제프리 카젠버그는 불과 몇 년 전까지 디즈니의 프로덕션 사장으로 '인어공주', '라이언 킹' 등을 제작해 제2의 디즈니 전성시대를 열었었다. 그러나 내부 불화를 겪으며 카젠버그는 디즈니에서 나올 수밖에 없었다.

그러나 '꿈과 상상력의 원천' 드림웍스의 창립 작품은 디즈니에 참패했다. 카젠버그는 수백, 수천 번 실패의 원인을 곱씹었다. 열패감에 시달리다 오밤중에 벌떡 일어나기도 했다. 그러다가 카젠버그 자신은 평생 '디즈니'에 대한 중압감을 벗어버릴 수 없다는 걸 깨달았다.

"This is me!"

피오나 공주의 외침은 이렇게 나왔다. 예쁘고 아름다운, 동화 같은 디즈니를 비틀어 만든 '슈렉'은 대히트였다. 디즈니 작품을 보며 성인이 된 사람들은 디즈니를 뒤집고 웃음과 현실적 메시지를 더한 드림웍스 작품에 환호했다. 드림웍스는 디즈니를 재료 삼아 그들만의 새로운 애니메이션 장르를 개척한 것이다.

카젠버그는 여전히 영화 개봉 첫날에는 초조해하며 배탈이 난다. 하지만 그는 이 중압감을 사랑한다. 중압감은 '창조적인 리스크를 택하도록 하는 심리적 부담'이다. 그는 "중압감이야말로 우리를 탁월함으로 이끈다"라고 말한다. 중압감에 눌려 끝나는 게 아니라 그 무게로 인해 더 깊이 파고들 수 있다는 것이다. ■

099

즉시

마이클 델(델컴퓨터)
Michael Dell

'즉시'라는 단어는 '심사숙고'나 '생각'에 비해 주목받지 못한다. '바로', '당장'과 연동되는 '즉시'는 두 번 생각할 겨를 없이 이미 행동으로 진행되고 있다. 그래서 가볍고 짧은 미래를 보고 있다. 하지만 즉시로 연결되는 가벼운 걸음걸음이 계속 이어지면 장고 끝에 내린 결단만큼의 힘을 발휘한다.

어린 시절, 부모를 조르고 졸라 선물 받은 컴퓨터를 불과 세 시간 만에 열어 분해했던 마이클 델 Michael Dell 이 그런 사람이다. 열두 살 때는 우표 컬렉션을 중개상 없이 팔아 2,000달러나 이득을 봤다. 잠재적 신문 구독자층을 연구 개발해 구독자 예약 판매로 많은 돈을 벌기도 했다.

부모님 뜻을 따라 의대에 진학했지만 그는 기숙사 방에 틀어박혀 컴퓨터를 뜯어고치는 데 재미를 붙였다. 그리고 목적 없이 전화를 돌렸다. 중고 IBM을 업그레이드한 컴퓨터를 사겠느냐고 물었다. 대리점을 거치지 않는 고객조립형 컴퓨터, '델컴퓨터(이하 델)'는 이렇게 준비할 새도 없이 탄생해버렸다.

1992년, 〈포춘〉 선정 500대 기업 중 최연소 CEO에 오른 마이클 델은 종종 빌 게이츠와 비교되곤 한다. 빌 게이츠가 소프트업계를 평정했다면 마이클 델은 직접 판매로 하드웨어 시장을 평정했다. 하지만 사업 성향에서 이 둘은 다르다. 빌 게이츠는 타이틀 방어전을 거듭하는 권투 챔피언으로, 마이클 델은 높이뛰기 선수로 비유되곤 한다. 힘껏 뛰어 순간적인 도약력으로 높이 오르는 것이 마이클 델의 힘이다.

그러나 개인이 아니라 주주와 이사를 둔 큰 회사에선 대표 혼자의 높이뛰기는 한계가 명확하다. 아마도 높이뛰기 선수로서는 주주총회를 포함한 회사의 의사결정 과정이 큰 짐이었을 것이다. 그동안 델은 저가 컴퓨터 공세와 개인 컴퓨터 시장 포화 속에 고전을 면치 못했다.

그리고 얼마 전, 마이클 델은 27년 전 기숙사 방에서 시작했던 델의 주식을 스스로 상장 폐기했다. 사재를 털어 주주들이 가진 주식에 25%의 프리미엄을 붙여 모두 사들인 뒤 주식회사로서의 델을 버렸다. 비상장 회사로, 다시 마이클 델 스타일의 델로 태어나겠다는 의지다. 상장 폐지에도 불구하고 경제 전문가들은 마이클 델의 과감한 결정에 박수를 보냈다. ■

100

초심

마윈(알리바바)
馬云

생전 처음 쥔 볼링공은 연달아 초구 스트라이크를 치고 블랙잭 판 앞에선 룰도 모르는 초보자가 고수들의 돈을 딴다. 종류는 달라도 살다 보면 누구나 초심자의 행운을 경험한다. 이 기이한 현상을 두고 누군가는 악마의 선물, 또는 신의 은혜라고도 한다. 파울로 코엘료는 소설《연금술사》에서 초심자에게 찾아오는 이런 행운은 자아의 신화를 찾도록 이끄는 초월적 존재의 뜻이라고 해석했다. 하지만 이 잠깐의 행운을 자기만의 특별한 재주라고 착각하는 순간 눈앞엔 첩첩산중의 고난이 펼쳐진다. 카지노 주변을 배회하는 실패한 도박꾼들은 선명한 교훈이다.

키 160㎝, 왜소한 체구의 마윈 馬云 회장은 2만 4,000명의 직원을 거느린 알리바바 창업자다. 우리 돈으로 400만 원 조금 못 미치는 자본을 가지고 시작해 불과 15년 만에 가치평가 113조 원의 기업으로 키워냈다. 중국 최초이자 최대의 전자상거래업체 알리바바는 아주 작은 행운에서 싹 틔웠다.

영어를 전공한 마윈은 채무 독촉 일을 맡아 마이크로소프트 본사가 있는 미국 시애틀에 가게 됐다. 세계를 하나로 잇는 네트워크, 인터넷이 촘촘한 망을 구축해가던 1990년대 초반이었다. 마윈은 시험 삼아 인터넷에 자신의 통역회사 홍보 글을 올렸다. 두 시간 만에 미국, 독일, 일본 등에서 통역이 필요하다는 이메일을 받았다. 충격적인 속도였고, 네트워크였다.

일을 마치고 중국으로 돌아온 그는 무역업을 하는 친구들을 불러 모았다. 중국과 세계를 인터넷으로 잇는 전자상거래 사이트 사업 계획에 대한 조언을 구했다. 24명 중 한 명만이 찬성했다. 마윈은 잠시 갈등했지만 "일단 한번 해보자. 시도조차 하지 않는다면 그거야말로 아무것도 아닌 거다"라며 가족과 친척들에게 돈을 빌려 중국 최초의 인터넷 회사를 설립했다.

잡힐 듯 잡힐 듯한 성공은 희미한 가능성이 돼 버렸다. 열었다가 닫고, 펼쳤다가 접기를 몇 차례, 1999년 다시 시작한 알리바바는 비로소 성공했다.

초심자에게 행운이 따르는 일은 창의적 무지 때문이라고 한다. 아무것도 모르기 때문에 편견 없이 새로운 것들을 받아들이고, 자기 시각화할 수 있다. 하지만 점점 익숙해지면서 시험대에 놓이게 된다. 최초의 행운이 재앙으로 여겨질 만큼 가혹하다. 이를 뛰어넘는 힘은 원래의 그 초심이다.

마윈은 젊은 경영인들에게 기회를 줘야 한다며 알리바바 대표에서 은퇴하고 회장직으로 남았다. 그리고 유통 물류 사업에 도전하고 있다. 늘 초심을 잃지 말라고 말하던 것처럼 새로 만든 이 회사의 이름은 차이냐오네트워크(菜鳥網絡)다. 차이냐오는 '풋내기', '초짜'를 뜻한다. 처음의 마음 그대로를 고이 품고 일하겠다는 마윈의 의지다. 언급했듯, 그의 처음 마음은 '일단 해보자'였다. ■

101

취미

린제이 오웬존스 (로레알)

Lindsay Owen-Jones

"고객은 원하는 색상의 포드차를 살 수 있다. 단, 그 색이 검은색이기만 하면."

헨리 포드가 대중을 위한 자동차를 내놓으며 했던 이 유명한 말에는 시대가 담겨 있다. 획일적이라도 대량으로 생산해 널리 나눠야 했던 때였다. 하지만 한때 세계를 지핀 굴뚝 연기가 사그라지는 요즈음, 산업은 매우 다양해졌고 소비자 개개인이 취향을 적극 고려해 예술화되기까지 했다. 시장의 자연스러운 요구와 세대교체된 CEO들은 개성과 창의성의 새 옷을 입고 나왔다. 더 이상 24시간 일만 하는 CEO는 귀감이 되지 못한다. 그래서 최근에는 CEO들도 자신의 취미를 드러내는 데 거리낌이 없다. 취미를 가진

CEO는 직원들에게 안정감을 준다.

비록 기업의 수장이지만 절대자가 아니라 그 역시도 삶을 영위하고, 스트레스를 풀어야 하는 인간적 면모를 발견하면서 공감대를 만드는 것이다. 이렇게 드러난 CEO들의 취미는 천차만별이다. 재밌는 사실은 취미를 통해 그들의 경영 스타일을 엿볼 수 있다는 점이다.

CEO 중엔 익스트림 스포츠를 즐기는 이들이 단연코 눈에 띈다. 경영 최일선에 있는 특성상 모험을 즐기는 성향이 강하기 때문이다. 아찔한 모험은 누적된 피로와 스트레스를 단박에 털어낼 수 있고 일에 활력을 불어넣는다는 설명이다.

슈퍼마켓에서 샴푸 판매업자로 로레알의 첫 업무를 시작한 린제이 오웬존스 Lindsay Owen-Jones 전 회장은 스피드광이다. 자동차 경주에 흠뻑 빠졌던 그는 입상 경력도 있다. 오웬존스는 외국인 최초로 콧대 높은 프랑스 대기업의 회장직에 오른 인물로, 그가 재직한 18년 동안 로레알을 글로벌 기업으로 만들었다.

과감한 추진력으로 경쟁사들의 허를 찌르는 오웬존스 회장의 경영 방식과 그의 취미는 같은 룰을 갖고 있다. 이건희 삼성전자 회장도 레이싱을 즐긴다. 에버랜드의 레이싱 트랙은 폭스바겐 사장조차도 감탄할 정도였다. 이건희 회장이 추구하는 완벽성이 고스란히 농축돼 있다는 평가다.

'반도체 사업의 이단아'로 불렸던 마이크론테크놀로지의 스티븐 애플턴 전 회장은 20여 대의 비행기를 갖고 있었다. 사막에서 곡예비행을 즐겼던 그는 공격적인 협상 전략과 압도적 리더십으로

17년간 회사를 이끌었다. "사라지듯 죽느니 생생하게 살다 죽는 편이 낫다"던 자신의 말처럼 2012년 경비행기 추락 사고로 사망했다.

물론 대부분의 CEO가 즐기는 취미 생활은 소박하다. 마라톤이나 그림 그리기, 미술 감상과 조립 장난감, 사진 찍기 등 일반 사람들과 다를 바 없다. 스티브 잡스도 음악 듣는 게 취미였다. 퇴근 후 지친 그를 달래준 건 LP 음반들이었다. 그가 불쑥 아이팟을 내놓으며 음악 시장을 뒤흔든 게 LP 음반에의 독점욕 때문이라는 건 지나친 상상이다. ▪

소중한 책으로 남기고 싶은 아이디어나 원고가 있으신 분은 도서출판 책읽는달
(이메일 : bestlife114@hanmail.net)로 보내주세요.

· CEO가 사랑하는 ·
101가지 단어

초판 1쇄 인쇄일 2014년 2월 20일
초판 1쇄 발행일 2014년 2월 28일

지은이 신소희
펴낸이 문미화
펴낸곳 책읽는달

주소 서울 영등포구 양평로 149 우림라이온스밸리 1차 A동 1408호
전화 02)2638-7567~8
팩스 02)2638-7571
블로그 http://blog.naver.com/bestlife114
출판등록번호 제2010-000161호

ⓒ 신소희, 2014

ISBN 979-11-85053-09-7 (03190)